16	3	2	13
5	10	11	8
9	6	7	12
4	15	14	1

coleção TRANS

Félix Guattari

CAOSMOSE
Um novo paradigma estético

Tradução
Ana Lúcia de Oliveira e Lúcia Cláudia Leão

editora■34

EDITORA 34

Editora 34 Ltda.
Rua Hungria, 592 Jardim Europa CEP 01455-000
São Paulo - SP Brasil Tel/Fax (11) 3811-6777 www.editora34.com.br

Copyright © Editora 34 Ltda. (edição brasileira), 1992
Caosmose © Colégio Internacional de Estudos Filosóficos
Transdisciplinares, Rio de Janeiro, 1992

A FOTOCÓPIA DE QUALQUER FOLHA DESTE LIVRO É ILEGAL E CONFIGURA UMA
APROPRIAÇÃO INDEVIDA DOS DIREITOS INTELECTUAIS E PATRIMONIAIS DO AUTOR.

Edição conforme o Acordo Ortográfico da Língua Portuguesa.

Capa, projeto gráfico e editoração eletrônica:
Bracher & Malta Produção Gráfica

Transcrição das fitas:
Geraldo Ramos Ponte Jr.

Revisão técnica:
Suely Rolnik

Revisão:
Maira Parula de Assis

1ª Edição - 1992 (5 Reimpressões),
2ª Edição - 2012 (1ª Reimpressão - 2019)

CIP - Brasil. Catalogação-na-Fonte
(Sindicato Nacional dos Editores de Livros, RJ, Brasil)

Guattari, Félix, 1930-1992

G953c　　　Caosmose: um novo paradigma estético /
Félix Guattari; tradução de Ana Lúcia de Oliveira
e Lúcia Cláudia Leão. — São Paulo: Editora 34,
2012 (2ª Edição).
192 p. (Coleção TRANS)

ISBN 978-85-85490-01-0

1. Ética - Discursos, conferências etc.
2. Estética - Discursos, conferências etc. 3. Psicanálise
- Filosofia. 4. Filosofia francesa I. Oliveira, Ana
Lúcia de. II. Leão, Lúcia Cláudia. III. Título.
IV. Série.

CDD - 194

CAOSMOSE
Um novo paradigma estético

1. Heterogênese 11
2. A caosmose esquizo 91
3. Oralidade maquínica e ecologia do virtual 103
4. O novo paradigma estético 113
5. Espaço e corporeidade 135
6. Restauração da cidade subjetiva 149
7. Práticas analíticas e práticas sociais 159

Índice onomástico 181
Bibliografia de Félix Guattari 183
Sobre o autor 187

CAOSMOSE

Um novo paradigma estético

"Sobre as ripas da ponte, sobre os adros do barco, sobre o mar, com o percurso do sol no céu e com o do barco, se esboça, se esboça e se destrói, com a mesma lentidão, uma escritura, ilegível e dilacerante de sombras, de arestas, de traços de luz entrecortada e refratada nos ângulos, nos triângulos de uma geometria fugaz que se escoa ao sabor da sombra das vagas do mar. Para em seguida, mais uma vez, incansavelmente, continuar a existir."

Marguerite Duras, *L'Amant de la Chine du Nord*

1.
HETEROGÊNESE

I. Da produção de subjetividade

Minhas atividades profissionais no campo da psicopatologia e da psicoterapia, assim como meus engajamentos político e cultural levaram-me a enfatizar cada vez mais a subjetividade enquanto produzida por instâncias individuais, coletivas e institucionais.

Considerar a subjetividade sob o ângulo da sua produção não implica absolutamente, a meu ver, voltar aos sistemas tradicionais de determinação do tipo infraestrutura material — superestrutura ideológica. Os diferentes registros semióticos que concorrem para o engendramento da subjetividade não mantêm relações hierárquicas obrigatórias, fixadas definitivamente. Pode ocorrer, por exemplo, que a semiotização econômica se torne dependente de fatores psicológicos coletivos, como se pode constatar com a sensibilidade dos índices da Bolsa em relação às flutuações da opinião. A subjetividade, de fato, é plural, *polifônica*, para retomar uma expressão de Mikhail Bakhtin. E ela não conhece nenhuma instância dominante de determinação que guie as outras instâncias segundo uma causalidade unívoca.

Pelo menos três tipos de problemas nos incitam a ampliar a definição da subjetividade de modo a ultrapassar a oposição clássica entre sujeito individual e sociedade e, através disso, a rever os modelos de Inconsciente que existem atualmente: a irrupção de fatores subjetivos no primeiro plano da atualidade histórica, o desenvolvimento maciço de produções maquínicas de subjetividade e, em último lugar, o recente destaque de aspectos etológicos e ecológicos relativos à subjetividade humana. Os fatores subjetivos sempre ocuparam um lugar importante ao longo da história. Mas parece que estão na iminência de desempenhar um papel preponderante, a partir do momento em que foram assumidos pelos *mass media* de alcance mundial. Apresentaremos aqui sumariamente apenas dois exemplos. O imenso movimento desencadeado pelos estudantes chineses tinha, evidentemente, como objetivo palavras de ordem de democratização política. Mas parece igualmente indubitável que as cargas afetivas contagiosas que trazia ultrapassavam as simples reivindicações ideológicas. É todo um estilo de vida, toda uma concepção das relações sociais (a partir das imagens veiculadas pelo Oeste), uma ética coletiva, que aí é posta em questão. E, afinal, os tanques não poderão fazer nada contra isso! Como na Hungria ou na Polônia, é a mutação existencial coletiva que terá a última palavra! Porém os grandes movimentos de subjetivação não tendem necessariamente para um sentido emancipador. A imensa revolução subjetiva que atravessa o povo iraniano há mais de dez anos se focalizou sobre arcaísmos religiosos e atitudes sociais globalmente conservadoras — em particular, a respeito da condição feminina (questão sensível na França, devido aos acontecimentos no Magreb e às repercussões dessas atitudes repressoras em relação às mulheres nos meios de imigrantes na França).

No Leste, a queda da cortina de ferro não ocorreu pela pressão de insurreições armadas, mas pela cristalização de um imenso desejo coletivo aniquilando o substrato mental do sistema totalitário pós-stalinista. Fenômeno de uma extrema complexidade, já que mistura aspirações emancipadoras e pulsões retrógradas, conservadoras, até mesmo fascistas, de ordem nacionalista, étnica e religiosa. Como, nessa tormenta, as populações da Europa Central e dos países do Leste superarão a amarga decepção que o Oeste capitalista lhes reservou até o presente? A História nos dirá; uma História portadora talvez de surpresas ruins e posteriormente, por que não, de uma renovação das lutas sociais! Quão assassina, em comparação, terá sido a guerra do Golfo! Quase se poderia falar, a seu respeito, de genocídio, já que levou ao extermínio muito mais iraquianos do que as vítimas das duas bombas de Hiroshima e de Nagasaki, em 1945. Mas com o distanciamento ficou ainda mais claro que o que estava em questão era essencialmente uma tentativa de domesticar a opinião árabe e de retomar as rédeas da opinião mundial: era preciso demonstrar que a via *yankee* de subjetivação podia ser imposta pela potência da mídia combinada à das armas.

De um modo geral, pode-se dizer que a história contemporânea está cada vez mais dominada pelo aumento de reivindicações de singularidade subjetiva — querelas linguísticas, reivindicações autonomistas, questões nacionalísticas, nacionais que, em uma ambiguidade total, exprimem por um lado uma reivindicação de tipo liberação nacional, mas que, por outro lado, se encarnam no que eu denominaria reterritorializações conservadoras da subjetividade. Deve-se admitir que uma certa representação universalista da subjetividade, tal como pôde ser encarnada pelo colonialismo capitalístico do Oeste e do Leste, faliu, sem que ainda se possa plenamente medir a amplidão das consequências de um tal fracasso. Atualmente vê-se que a escalada do integrismo nos países árabes e muçulmanos pode ter consequências incalculáveis não apenas sobre as relações internacionais, mas sobre a economia subjetiva de centenas de milhões de indivíduos. É toda a problemática do desamparo, mas também da escalada de reivindicações do Terceiro Mundo, dos países do Sul, que se acha assim marcada por um ponto de interrogação angustiante.

Heterogênese

A sociologia, as ciências econômicas, políticas e jurídicas parecem, no atual estado de coisas, insuficientemente armadas para dar conta de uma tal mistura de apego arcaizante às tradições culturais e entretanto de aspiração à modernidade tecnológica e científica, mistura que caracteriza o coquetel subjetivo contemporâneo. A psicanálise tradicional, por sua vez, não está nem um pouco melhor situada para enfrentar esses problemas, devido à sua maneira de reduzir os fatos sociais a mecanismos psicológicos. Nessas condições, parece indicado forjar uma concepção mais transversalista da subjetividade, que permita responder ao mesmo tempo a suas amarrações territorializadas idiossincráticas (Territórios existenciais) e a suas aberturas para sistemas de valor (Universos incorporais) com implicações sociais e culturais.

Devem-se tomar as produções semióticas dos *mass media*, da informática, da telemática, da robótica etc... fora da subjetividade psicológica? Penso que não. Do mesmo modo que as máquinas sociais que podem ser classificadas na rubrica geral de Equipamentos Coletivos, as máquinas tecnológicas de informação e de comunicação operam no núcleo da subjetividade humana, não apenas no seio das suas memórias, da sua inteligência, mas também da sua sensibilidade, dos seus afetos, dos seus fantasmas inconscientes. A consideração dessas dimensões maquínicas de subjetivação nos leva a insistir, em nossa tentativa de redefinição, na heterogeneidade dos componentes que concorrem para a produção de subjetividade, já que encontramos aí: 1) componentes semiológicos significantes que se manifestam através da família, da educação, do meio ambiente, da religião, da arte, do esporte; 2) elementos fabricados pela indústria dos mídia, do cinema, etc.; 3) dimensões semiológicas assignificantes colocando em jogo máquinas informacionais de signos, funcionando paralelamente ou independentemente, pelo fato de produzirem e veicularem significações e denotações que escapam então às axiomáticas propriamente linguísticas.

As correntes estruturalistas não deram sua autonomia, sua especificidade, a esse regime semiótico assignificante, ainda que certos autores como Julia Kristeva ou Jacques Derrida tenham esclarecido um pouco essa relativa autonomia desse tipo de componentes. Mas, em geral, as correntes estruturalistas rebateram a economia assignificante da linguagem — o que chamo de máquinas de signos — sobre a economia linguística, significacional, da língua. Isso é particularmente sensível em Roland Barthes, que relaciona todos os elementos da linguagem, os segmentos da narratividade, às figuras de Expressão e confere à semiologia linguística um primado sobre todas as semióticas. Foi um grave erro, por parte da corrente estruturalista, pretender reunir tudo o que concerne à psique sob o único baluarte do significante linguístico!

As transformações tecnológicas nos obrigam a considerar simultaneamente uma tendência à homogeneização universalizante e reducionista da subjetividade e uma tendência heterogenética, quer dizer, um reforço da heterogeneidade e da singularização de seus componentes. É assim que o "trabalho com o computador" conduz à produção de imagens abrindo para Universos plásticos insuspeitados — penso, por exemplo, no trabalho de Matta com a palheta gráfica — ou à resolução de problemas matemáticos que teria sido propriamente inimaginável até algumas décadas atrás. Mas, ainda aí, é preciso evitar qualquer ilusão progressista ou qualquer visão sistematicamente pessimista. A produção maquínica de subjetividade pode trabalhar tanto para o melhor como para o pior. Existe uma atitude antimodernista que consiste em rejeitar maciçamente as inovações tecnológicas, em particular as que estão ligadas à revolução informática. Entretanto, tal evolução maquínica não pode ser julgada nem positiva nem negativamente; tudo depende de como for sua articulação com os agenciamentos coletivos de enunciação. O melhor é a criação, a invenção de novos Universos de referência; o pior é a mass-mediatização embrutecedora, à qual são condenados

Heterogênese

hoje em dia milhares de indivíduos. As evoluções tecnológicas, conjugadas a experimentações sociais desses novos domínios, são talvez capazes de nos fazer sair do período opressivo atual e de nos fazer entrar em uma *era pós-mídia*, caracterizada por uma reapropriação e uma ressingularização da utilização da mídia. (Acesso aos bancos de dados, às videotecas, interatividade entre os protagonistas etc...)

Nessa mesma via de uma compreensão polifônica e heterogenética da subjetividade, encontraremos o exame de aspectos etológicos e ecológicos. Daniel Stern, em *The Impersonal World of the Infant*,[1] explorou notavelmente as formações subjetivas pré-verbais da criança. Ele mostra que não se trata absolutamente de "fases", no sentido freudiano, mas de níveis de subjetivação que se manterão paralelos ao longo da vida. Renuncia, assim, ao caráter superestimado da psicogênese dos complexos freudianos e que foram apresentados como "universais" estruturais da subjetividade. Por outro lado, valoriza o caráter transubjetivo, desde o início, das experiências precoces da criança, que não dissocia o sentimento de si do sentimento do outro. Uma dialética entre os "afetos partilháveis" e os "afetos não partilháveis" estrutura, assim, as fases emergentes da *subjetividade*. Subjetividade em estado nascente que não cessaremos de encontrar no sonho, no delírio, na exaltação criadora, no sentimento amoroso...

A ecologia social e a ecologia mental encontraram lugares de exploração privilegiados nas experiências de Psicoterapia Institucional. Penso evidentemente na Clínica de La Borde, onde trabalho há muito tempo, e onde tudo foi preparado para que os doentes psicóticos vivam em um clima de atividade e de responsabilidade, não apenas com o objetivo de desenvolver um ambiente de comunicação, mas também para criar instâncias locais de subjetivação coletiva. Não

---

[1] Daniel Stern, *The Impersonal World of the Infant*, Nova York, Basic Books, 1985.

se trata simplesmente, portanto, de uma remodelagem da subjetividade dos pacientes, tal como preexistia à crise psicótica, mas de uma produção *sui generis*. Por exemplo, certos doentes psicóticos de origem agrícola, de meio pobre, serão levados a praticar artes plásticas, teatro, vídeo, música, etc., quando esses eram antes Universos que lhes escapavam completamente.

Em contrapartida, burocratas e intelectuais se sentirão atraídos por um trabalho material, na cozinha, no jardim, em cerâmica, no clube hípico. O que importa aqui não é unicamente o confronto com uma nova matéria de expressão, é a constituição de complexos de subjetivação: indivíduo-grupo--máquina-trocas múltiplas, que oferecem à pessoa possibilidades diversificadas de recompor uma corporeidade existencial, de sair de seus impasses repetitivos e, de alguma forma, de se ressingularizar.

Assim se operam transplantes de transferência que não procedem a partir de dimensões "já existentes" da subjetividade, cristalizadas em complexos estruturais, mas que procedem de uma criação e que, por esse motivo, seriam antes da alçada de uma espécie de paradigma estético. Criam-se novas modalidades de subjetivação do mesmo modo que um artista plástico cria novas formas a partir da palheta de que dispõe. Em um tal contexto, percebe-se que os componentes os mais heterogêneos podem concorrer para a evolução positiva de um doente: as relações com o espaço arquitetônico, as relações econômicas, a cogestão entre o doente e os responsáveis pelos diferentes vetores de tratamento, a apreensão de todas as ocasiões de abertura para o exterior, a exploração processual das "singularidades" dos acontecimentos, enfim tudo aquilo que pode contribuir para a criação de uma relação autêntica com o outro. A cada um desses componentes da instituição de tratamento corresponde uma *prática* necessária. Em outros termos, não se está mais diante de uma subjetividade dada como um em si, mas face a processos de autonomização, ou de autopoiese, em um sentido um pouco desviado do que Francisco Varela dá a esse termo.[2] Consideremos agora um exemplo de exploração dos recursos etológicos e ecológicos da psique no domínio das psicoterapias familiares, muito particularmente no âmbito da corrente que, em torno de Mony Elkaim, tenta se libertar da dominação das teorias sistemistas em curso nos países anglo-saxônicos e na Itália.[3]

A inventividade das curas de terapia familiar, tais como são aqui concebidas, também nos distancia de paradigmas cientificistas para nos aproximar de um paradigma ético-estético. O terapeuta se engaja, corre riscos, não hesita em considerar seus próprios fantasmas e em criar um clima paradoxal de autenticidade existencial, acrescido entretanto de uma liberdade de jogo e de simulacro. Ressaltemos, a esse respeito, que a terapia familiar é levada a produzir subjetividade da maneira mais artificial possível, em particular durante a formação, quando os terapeutas se reúnem para improvisar cenas psicodramáticas. A cena, aqui, implica uma múltipla superposição da enunciação: uma visão de si mesmo, enquanto encarnação concreta; um sujeito da enunciação que duplica o sujeito do enunciado e a distribuição dos papéis; uma gestão coletiva do jogo; uma interlocução com os comentadores dos acontecimentos; e, enfim, um olhar-vídeo que restitui em *feedback* o conjunto desses níveis superpostos.

Esse tipo de performance favorece o abandono da atitude realista, que consistiria em apreender as cenas vividas como correspondentes a sistemas realmente encarnados nas estruturas familiares. Através desse aspecto teatral de múltiplas facetas, apreende-se o caráter artificial criacionista da produ-

---

[2] Francisco Varela, *Autonomie et connaissance*, Paris, Seuil, 1989.

[3] Mony Elkaim, *Si tu m'aimes, ne m'aime pas*, Paris, Seuil, 1989 (ed. bras.: *Se você me ama, não me ame: abordagem sistêmica em psicoterapia familiar e conjugal*, Campinas, Papirus, 1990).

ção de subjetividade. É particularmente notável que a instância do olhar-vídeo habite a visão dos terapeutas. Mesmo se estes não manipulem efetivamente uma câmera, adquirem o hábito de observar certas manifestações semióticas que escapam ao olhar comum. O face a face lúdico com os pacientes, a acolhida imediata das singularidades desenvolvida por esse tipo de terapia, se diferencia da atitude do psicanalista que esconde o rosto, ou mesmo da performance psicodramática clássica.

Quer nos voltemos para o lado da história contemporânea, para o lado das produções semióticas maquínicas ou para o lado da etologia da infância, da ecologia social e da ecologia mental, encontraremos o mesmo questionamento da individuação subjetiva que subsiste certamente mas que é trabalhada por *Agenciamentos coletivos de enunciação*. No ponto em que nos encontramos, a definição provisória mais englobante que eu proporia da subjetividade é: "o conjunto das condições que torna possível que instâncias individuais e/ou coletivas estejam em posição de emergir como *território existencial* autorreferencial, em adjacência ou em relação de delimitação com uma alteridade ela mesma subjetiva".

Assim, em certos contextos sociais e semiológicos, a subjetividade se individua: uma pessoa, tida como responsável por si mesma, se posiciona em meio a relações de alteridade regidas por usos familiares, costumes locais, leis jurídicas... Em outras condições, a subjetividade se faz coletiva, o que não significa que ela se torne por isso exclusivamente social. Com efeito, o termo "coletivo" deve ser entendido aqui no sentido de uma multiplicidade que se desenvolve para além do indivíduo, junto ao *socius*, assim como aquém da pessoa, junto a intensidades pré-verbais, derivando de uma lógica dos afetos mais do que de uma lógica de conjuntos bem circunscritos.

As condições de produção evocadas nesse esboço de redefinição implicam, então, conjuntamente, instâncias humanas intersubjetivas manifestadas pela linguagem e instâncias sugestivas ou identificatórias concernentes à etologia, interações institucionais de diferentes naturezas, dispositivos maquínicos, tais como aqueles que recorrem ao trabalho com computador, Universos de referência incorporais, tais como aqueles relativos à música e às artes plásticas... Essa parte não humana pré-pessoal da subjetividade é essencial, já que é a partir dela que pode se desenvolver sua heterogênese. Deleuze e Foucault foram condenados pelo fato de enfatizarem uma parte não humana da subjetividade, como se assumissem posições anti-humanistas! A questão não é essa, mas a da apreensão da existência de máquinas de subjetivação que não trabalham apenas no seio de "faculdades da alma", de relações interpessoais ou nos complexos intrafamiliares. A subjetividade não é fabricada apenas através das fases psicogenéticas da psicanálise ou dos "matemas do Inconsciente", mas também nas grandes máquinas sociais, mass-mediáticas, linguísticas, que não podem ser qualificadas de humanas. Assim, um certo equilíbrio deve ser encontrado entre as descobertas estruturalistas, que certamente não são negligenciáveis, e sua gestão pragmática, de maneira a não naufragar no abandonismo social pós-moderno.

Com seu conceito de consciente, Freud postulou a existência de um continente escondido da psique, no interior do qual se representaria o essencial das opções pulsionais, afetivas e cognitivas. Atualmente não se podem dissociar as teorias do inconsciente das práticas psicanalíticas, psicoterapêuticas, institucionais, literárias etc., que a elas se referem. O inconsciente se tornou uma instituição, um "equipamento coletivo" compreendido em um sentido mais amplo. Encontramo-nos trajados de um inconsciente quando sonhamos, quando deliramos, quando fazemos um ato falho, um lapso... Incontestavelmente as descobertas freudianas — que prefiro qualificar de invenções — enriqueceram os ângulos sob os quais se pode atualmente abordar a psique. Portanto, não é

20   Caosmose

absolutamente em um sentido pejorativo que falo aqui de invenção! Assim como os cristãos inventaram uma nova fórmula de subjetivação, a cavalaria cortês, e o romantismo, um novo amor, uma nova natureza, o bolchevismo, um novo sentimento de classe, as diversas seitas freudianas secretaram uma nova maneira de ressentir e mesmo de produzir a histeria, a neurose infantil, a psicose, a conflitualidade familiar, a leitura dos mitos, etc... O próprio inconsciente freudiano evoluiu ao longo de sua história, perdeu a riqueza efervescente e o inquietante ateísmo de suas origens e se recentrou na análise do eu, na adaptação à sociedade ou na conformidade a uma ordem significante, em sua versão estruturalista.

Na perspectiva que é a minha e que consiste em fazer transitar as ciências humanas e as ciências sociais de paradigmas cientificistas para paradigmas ético-estéticos, a questão não é mais a de saber se o inconsciente freudiano ou o inconsciente lacaniano fornecem uma resposta científica aos problemas da psique. Esses modelos só serão considerados a título de produção de subjetividade entre outros, inseparáveis dos dispositivos técnicos e institucionais que os promovem e de seu impacto sobre a psiquiatria, o ensino universitário, os *mass media*... De uma maneira mais geral, dever-se-á admitir que cada indivíduo, cada grupo social veicula seu próprio sistema de modelização da subjetividade, quer dizer, uma certa cartografia feita de demarcações cognitivas, mas também míticas, rituais, sintomatológicas, a partir da qual ele se posiciona em relação aos seus afetos, suas angústias e tenta gerir suas inibições e suas pulsões.

Durante uma cura psicanalítica, somos confrontados com uma multiplicidade de cartografias: a do analista e a do analisando, mas também a cartografia familiar ambiente, a da vizinhança, etc. É a interação dessas cartografias que dará aos Agenciamentos de subjetivação seu regime. Mas não se poderá dizer de nenhuma dessas cartografias — fantasmáticas, delirantes ou teóricas — que exprima um conhecimen-

Heterogênese

to científico da psique. Todas têm importância na medida em que escoram um certo contexto, um certo quadro, uma armadura existencial da situação subjetiva. Assim nossa questão, hoje em dia, não é apenas de ordem especulativa, mas se coloca sob ângulos muito práticos: será que os conceitos de inconsciente, que nos são propostos no "mercado" da psicanálise, convêm às condições atuais de produção de subjetividade? Seria preciso transformá-los, inventar outros? Logo, o problema da modelização, mais exatamente da metamodelização psicológica, é o de saber o que fazer com esses instrumentos de cartografia, com esses conceitos psicanalíticos, sistemistas etc. Será que são utilizados como grade de leitura global exclusiva com pretensão científica ou enquanto instrumentos parciais, em composição com outros, sendo o critério último o de ordem funcional?

Que processos se desenrolam em uma consciência com o choque do inusitado? Como se operam as modificações de um modo de pensamento, de uma aptidão para apreender o mundo circundante em plena mutação? Como mudar as representações desse mundo exterior, ele mesmo em processo de mudança? O inconsciente freudiano é inseparável de uma sociedade presa ao seu passado, às suas tradições falocráticas, às suas invariantes subjetivas. As convulsões contemporâneas exigem, sem dúvida, uma modelização mais voltada para o futuro e a emergência de novas práticas sociais e estéticas em todos os domínios. A desvalorização do sentido da vida provoca o esfacelamento da imagem do eu: suas representações tornam-se confusas, contraditórias. Face a essas convulsões, a melhor atitude consiste em visar ao trabalho de cartografia e de modelização psicológica em uma relação dialética com os interessados, os indivíduos e os grupos concernidos, quer dizer, indo no sentido de uma cogestão da produção de subjetividade, renunciando às atitudes de autoridade, de sugestão, que ocupam um lugar tão destacado na psicanálise, a despeito de ela pretender ter escapado disto.

Há muito tempo recusei o dualismo Consciente-Inconsciente das tópicas freudianas e todas as oposições maniqueístas correlativas à triangulação edipiana, ao complexo de castração etc... Optei por um inconsciente que superpõe múltiplos estratos de subjetivações, estratos heterogêneos, de extensão e de consistência maiores ou menores. Inconsciente, então, mais "esquizo", liberado dos grilhões familialistas, mais voltado para práxis atuais do que para fixações e regressões em relação ao passado. Inconsciente de Fluxo e de máquinas abstratas, mais do que inconsciente de estrutura e de linguagem. Entretanto, não considero minhas "cartografias esquizoanalíticas" como doutrinas científicas.[4] Assim como um artista toma de seus predecessores e de seus contemporâneos os traços que lhe convêm, convido meus leitores a pegar e a rejeitar livremente meus conceitos. O importante nesse caso não é o resultado final mas o fato de o método cartográfico multicomponencial coexistir com o processo de subjetivação e de ser assim tornada possível uma reapropriação, uma autopoiese, dos meios de produção da subjetividade.

Que fique bem claro que não assimilo a psicose a uma obra de arte e o psicanalista, a um artista! Afirmo apenas que os registros existenciais aqui concernidos envolvem uma dimensão de autonomia de ordem estética. Estamos diante de uma escolha ética crucial: ou se objetiva, se reifica, se "cientificiza" a subjetividade ou, ao contrário, tenta-se apreendê-la em sua dimensão de criatividade processual. Kant enfatizara que o julgamento de gosto envolve a subjetividade e sua relação com outrem em uma certa atitude de "desinteresse".[5]

---

[4] Félix Guattari, *Cartographies schizoanalytiques*, Paris, Éditions Galilée, 1989.

[5] "Pode-se dizer que, entre as três fontes de satisfação (para o agradável, o belo e o bom), a do gosto pelo belo é a única satisfação desinteressada e livre; com efeito, nenhum interesse, nem dos sentidos nem da

Mas não basta designar essas categorias de liberdade e de desinteresse como dimensões essenciais da estética inconsciente; convém ainda considerar seu modo de inserção ativo na psique. Como certos segmentos semióticos adquirem sua autonomia, começam a trabalhar por sua própria conta e a secretar novos campos de referência? É a partir de uma tal ruptura que uma singularização existencial correlativa à gênese de novos coeficientes de liberdade tornar-se-á possível. Uma tal separação de um "objeto parcial" ético-estético do campo das significações dominantes corresponde ao mesmo tempo à promoção de um desejo mutante e à finalização de um certo desinteresse. Gostaria de fazer uma ponte entre o conceito de objeto parcial ou de objeto "a", tal como foi teorizado por Lacan, que representa a autonomização de componentes da subjetividade inconsciente, e a autonomização subjetiva engendrada pelo objeto estético.

Encontramos aqui a problemática de Mikhail Bakhtin em seu primeiro ensaio teórico de 1924,[6] onde destaca brilhantemente a função de apropriação enunciativa da forma estética pela *autonomização* do conteúdo cognitivo ou ético e o *aperfeiçoamento* desse conteúdo em objeto estético que, de minha parte, qualificaria como enunciador parcial. Tento levar o objeto parcial psicanalítico, adjacente ao corpo e ponto de engate da pulsão, na direção de uma enunciação parcial. A ampliação da noção de objeto parcial, para a qual Lacan contribuiu com a inclusão no objeto do olhar e da voz, deveria ser prosseguida. Trata-se de fazer dela uma categoria que cubra o conjunto dos focos de autonomização subjetiva rela-

---

razão, constrange o assentimento." Immanuel Kant, *Critique de la faculté de juger*, Paris, Vrin, 1986, pp. 54-5.

[6] "Le Problème de contenu, du matériau et de la forme dans l'oeuvre littéraire", em Mikhail Bakhtin, *Esthétique et théorie du roman*, Paris, Gallimard, 1978 (ed. bras.: *Questões de literatura e de estética: a teoria do romance*, São Paulo, Hucitec, 1988).

tivos aos grupos-sujeitos, às instâncias de produção de subjetividade maquínica, ecológica, arquitetônica, religiosa etc...

Bakhtin descreve uma transferência de subjetivação que se opera entre o autor e o contemplador de uma obra — o olhador, no sentido de Marcel Duchamp. Nesse movimento, para ele, o "consumidor" se torna, de algum modo, co-criador. A forma estética só chega a esse resultado por intermédio de uma função de isolamento ou de separação, de tal modo que a matéria de expressão se torna formalmente criadora. O conteúdo da obra se destaca de suas conotações tanto cognitivas quanto estéticas: "o isolamento ou a separação não se relacionam à obra como coisa mas à sua significação, ao seu conteúdo, que muito frequentemente se libera de certos vínculos necessários com a unidade da natureza e com a unidade ética do ser".[7] É então um certo tipo de fragmento de conteúdo que "toma posse do autor", que engendra um certo modo de enunciação estética. Na música, por exemplo, onde — repete-nos Bakhtin — o isolamento e a invenção não podem ser relacionados axiologicamente com o material: "Não é o som da acústica que se isola nem o número matemático intervindo na composição que se inventa. É o acontecimento da aspiração e a tensão valorizante que são isolados e tornados irreversíveis pela invenção e, graças a isso, se eliminam por eles mesmos sem obstáculo e encontram um repouso em sua finalização".[8]

Na poesia, a subjetividade criadora, para se destacar, se autonomizar, se finalizar, apossar-se-á, de preferência:

1) do lado sonoro da palavra, de seu aspecto musical;

2) de suas significações materiais com suas nuanças e variantes;

3) de seus aspectos de ligação verbal;

4) de seus aspectos entonativos emocionais e volitivos;

[7] *Op. cit.*, p. 72.

[8] *Idem*, p. 74.

Heterogênese

5) do sentimento da atividade verbal do engendramento ativo de um som significante que comporta elementos motores de articulação, de gesto, de mímica, sentimento de um movimento no qual são arrastados o organismo inteiro, a atividade e a alma da palavra em sua unidade concreta. E, evidentemente, declara Bakhtin, é esse último aspecto que engloba os outros.[9]

Essas análises penetrantes podem conduzir a uma ampliação de nossa abordagem da subjetivação parcial. Encontramos igualmente em Bakhtin a ideia de irreversibilidade do objeto estético e implicitamente de autopoiese, noções tão necessárias no campo da análise das formações do Inconsciente, da pedagogia, da psiquiatria, e mais geralmente no campo social devastado pela subjetividade capitalística. Não é então apenas no quadro da música e da poesia que vemos funcionarem tais fragmentos destacados do conteúdo que, de um modo geral, incluo na categoria dos *ritornelos existenciais*. A polifonia dos modos de subjetivação corresponde, de fato, a uma multiplicidade de maneiras de "marcar o tempo". Outros ritmos são assim levados a fazer cristalizar Agenciamentos existenciais, que eles encarnam e singularizam.

Os casos mais simples de ritornelos de delimitação de Territórios existenciais podem ser encontrados na etologia de numerosas espécies de pássaros cujas sequências específicas de canto servem para a sedução de seu parceiro sexual, para o afastamento de intrusos, o aviso da chegada de predadores...[10] Trata-se, a cada vez, de definir um espaço funcional bem-definido. Nas sociedades arcaicas, é a partir de ritmos, de cantos, de danças, de máscaras, de marcas no corpo, no solo, nos Totens, por ocasião de rituais e através de referên-

---

[9] *Ibidem.*

[10] Félix Guattari, *L'Inconscient machinique*, Paris, Éditions Recherches, 1979 (ed. bras.: *O inconsciente maquínico: ensaios de esquizoanálise*, Campinas, Papirus, 1988).

cias míticas que são circunscritos outros tipos de Territórios existenciais coletivos.[11] Encontramos esses tipos de ritornelos na Antiguidade grega com os "nomos", que constituíam, de alguma forma, "indicativos sonoros", estandartes e selos para as corporações profissionais.

Mas cada um de nós conhece tais transposições de limiar subjetivo pela atuação de um módulo temporal catalisador que nos mergulhará na tristeza ou, então, em um clima de alegria e de animação. Com esse conceito de ritornelo, visamos não somente a tais afetos massivos, mas a ritornelos hipercomplexos, catalisando a entrada de Universos incorporais tais como o da música ou o das matemáticas e cristalizando Territórios existenciais muito mais desterritorializados. E não se trata, com isso, de universos de referência "em geral", mas de universos singulares, historicamente marcados no cruzamento de diversas linhas de virtualidade. Um ritornelo complexo — aquém dos da poesia e da música — marca o cruzamento de modos heterogêneos de subjetivação. Por um longo período, o tempo foi considerado uma categoria universal e unívoca, ao passo que, na realidade, sempre lidamos apenas com apreensões particulares e multívocas. O tempo universal é apenas uma projeção hipotética dos modos de temporalização concernentes a módulos de intensidade — os ritornelos — que operam ao mesmo tempo em registros biológicos, socioculturais, maquínicos, cósmicos etc...

Para ilustrar esse modo de produção de subjetividade polifônica em que um ritornelo complexo representa um papel preponderante, consideremos o exemplo da consumação televisiva. Quando olho para o aparelho de televisão, existo no cruzamento: 1) de uma fascinação perceptiva pelo foco

---

[11] Ver o papel dos sonhos nas cartografias míticas entre os aborígenes da Austrália. Cf. Barbara Glowczewski, *Les Rêveurs du désert*, Paris, Plon, 1989.

Heterogênese

luminoso do aparelho que confina ao hipnotismo;[12] 2) de uma relação de captura com o conteúdo narrativo da emissão, associada a uma vigilância lateral acerca dos acontecimentos circundantes (a água que ferve no fogo, um grito de criança, o telefone...); 3) de um mundo de fantasmas que habitam meu devaneio... meu sentimento de identidade é assim assediado por diferentes direções. O que faz com que, apesar da diversidade dos componentes de subjetivação que me atravessam, eu conserve um sentimento relativo de unicidade? Isso se deve a essa ritornelização que me fixa diante da tela, constituída, assim, como nó existencial projetivo. Sou o que está diante de mim. Minha identidade se tornou o *speaker*, o personagem que fala na televisão. Como Bakhtin, diria que o ritornelo não se apoia nos elementos de formas, de matéria, de significação comum, mas no destaque de um "motivo" (ou de *leitmotiv*) existencial se instaurando como "atrator" no seio do caos sensível e significacional.

Os diferentes componentes mantêm sua heterogeneidade, mas são entretanto captados por um ritornelo, que ganha o território existencial do eu. Com a identidade neurótica, acontece que o ritornelo se encarna em uma representação "endurecida", por exemplo, um ritual obsessivo. Se, por um motivo qualquer, essa máquina de subjetivação é ameaçada, é então toda a personalidade que pode implodir: é o caso na psicose, em que os componentes parciais partem em linhas delirantes, alucinatórias etc.

Com esse conceito difícil e paradoxal de ritornelo complexo, poder-se-á referir um acontecimento interpretativo, em uma cura psicanalítica, não a universais ou a matemas, a estruturas preestabelecidas da subjetividade, mas ao que eu denominaria uma constelação de Universos de referência. Não

---

[12] Sobre o tema do "retorno" à hipnose e à sugestão, cf. Léon Chertok e Isabelle Stengers, *Le Coeur et la raison: l'hypnose en question, de Lavoisier à Lacan*, Paris, Payot, 1989.

se trata, então, de Universos de referência em geral, mas de domínios de entidades incorporais que se detectam ao mesmo tempo em que são produzidos, e que se encontram todo o tempo presentes, desde o instante em que os produzimos. Eis aí o paradoxo próprio a esses Universos: eles são dados no instante criador, como hecceidade e escapam ao tempo discursivo; são como os focos de eternidade aninhados entre os instantes. Além disso, implicam a consideração não somente dos elementos em situação (familiar, sexual, conflitiva), mas também a projeção de todas as linhas de virtualidade, que se abrem a partir do acontecimento de seu surgimento.

Tomemos um exemplo simples: um paciente, no processo de cura, permanece bloqueado em seus problemas, em um impasse. Essa pessoa, um dia, faz a seguinte afirmação, sem lhe dar importância: "tenho vontade de retomar minhas aulas de direção, pois não dirijo há anos"; ou então, "tenho vontade de aprender a processar textos". Trata-se de acontecimentos menores que poderiam passar despercebidos em uma concepção tradicional da análise. Mas não é de todo inconcebível que o que denomino uma tal singularidade se torne uma chave, desencadeando um ritornelo complexo, que não apenas modificará o comportamento imediato do paciente, mas lhe abrirá novos campos de virtualidade. A saber, a retomada de contato com pessoas que perdera de vista, a possibilidade de restabelecer a ligação com antigas paisagens, de reconquistar uma segurança neurológica. Aqui uma neutralidade rígida demais, uma não intervenção do terapeuta se tornaria negativa; pode ser necessário, em tais casos, agarrar as oportunidades, aquiescer, correr o risco de se enganar, de tentar a sorte, de dizer "sim, com efeito, essa experiência talvez seja importante". Fazer funcionar o acontecimento como portador eventual de uma nova constelação de Universos de referência: é o que viso quando falo de uma intervenção pragmática voltada para a construção da subjetividade, para a produção de campos de virtualidades e não

Heterogênese

apenas polarizada por uma hermenêutica simbólica dirigida para a infância.

Nessa concepção de análise, o tempo deixa de ser vivido passivamente; ele é agido, orientado, objeto de mutações qualitativas. A análise não é mais interpretação transferencial de sintomas em função de um conteúdo latente preexistente, mas invenção de novos focos catalíticos suscetíveis de fazer bifurcar a existência. Uma singularidade, uma ruptura de sentido, um corte, uma fragmentação, a separação de um conteúdo semiótico — por exemplo, à moda dadaísta ou surrealista — podem originar focos mutantes de subjetivação. Da mesma forma que a química teve que começar a depurar misturas complexas para delas extrair matérias atômicas e moleculares homogêneas e, a partir delas, compor uma gama infinita de entidades químicas que não existiam anteriormente, a "extração" e a "separação" de subjetividades estéticas ou de objetos parciais, no sentido psicanalítico, tornam possíveis uma imensa complexificação da subjetividade, harmonias, polifonias, contrapontos, ritmos e orquestrações existenciais inéditos e inusitados.

Complexificação desterritorializante essencialmente precária, porque constantemente ameaçada de enfraquecimento reterritorializante, sobretudo no contexto contemporâneo onde o primado dos fluxos informativos engendrados maquinicamente ameaça conduzir a uma dissolução generalizada das antigas territorialidades existenciais. Nas primeiras fases das sociedades industriais, o "demoníaco" ainda continuava a aflorar por toda parte, mas doravante o mistério se tornou uma mercadoria cada vez mais rara. que baste aqui evocar a busca desesperada de um Witkiewicz para apreender uma última "estranheza do ser" que parecia literalmente escapar-lhe por entre os dedos.

Nessas condições, cabe especialmente à função poética recompor universos de subjetivação artificialmente rarefeitos e ressingularizados. Não se trata, para ela, de transmitir mensagens, de investir imagens como suporte de identificação ou padrões formais como esteio de procedimento de modelização, mas de catalisar operadores existenciais suscetíveis de adquirir consistência e persistência.

Essa catálise poético-existencial, que encontraremos em operação no seio de discursividades escriturais, vocais, musicais ou plásticas, engaja quase sincronicamente a recristalização enunciativa do criador, do intérprete e do apreciador da obra de arte. Sua eficácia reside essencialmente em sua capacidade de promover rupturas ativas, processuais, no interior de tecidos significacionais e denotativos semioticamente estruturados, a partir dos quais ela colocará em funcionamento uma subjetividade da emergência, no sentido de Daniel Stern. Quando ela se lança efetivamente em uma zona enunciativa dada — quer dizer, situada a partir de um ponto de vista histórico e geopolítico —, uma tal função analítico-poética se instaura então como foco mutante de autorreferenciação e de autovalorização. É por isso que deveremos sempre considerá-la sob dois ângulos: 1) enquanto ruptura molecular, imperceptível bifurcação, suscetível de desestabilizar a trama das redundâncias dominantes, a organização do "já classificado" ou, se preferirmos, a ordem do clássico; e 2) enquanto seleção de alguns segmentos dessas mesmas cadeias de redundância, para conferir-lhes essa função existencial assignificante que acabo de evocar, para "ritornelizá-las", para fazer delas fragmentos virulentos de enunciação parcial trabalhando como *shifter* de subjetivação. Pouco importa aqui a qualidade do material de base, como se vê na música repetitiva ou na dança Buto que, segundo Marcel Duchamp, são inteiramente voltadas para "o olhador". O que importa, primordialmente, é o ímpeto rítmico mutante de uma temporalização capaz de fazer unir os componentes heterogêneos de um novo edifício existencial.

Para além da função poética, coloca-se a questão dos dispositivos de subjetivação. E, mais precisamente, o que deve

Heterogênese   31

caracterizá-los para que saiam da serialidade — no sentido de Sartre — e entrem em processos de singularização, que restituem à existência o que se poderia chamar de sua autoessencialização. Abordamos uma época em que, esfumando-se os antagonismos da guerra fria, aparecem mais distintamente as ameaças principais que nossas sociedades produtivistas fazem pairar sobre a espécie humana, cuja sobrevivência nesse planeta está ameaçada, não apenas pelas degradações ambientais mas também pela degenerescência do tecido das solidariedades sociais e dos modos de vida psíquicos que convêm literalmente reinventar. A refundação do político deverá passar pelas dimensões estéticas e analíticas que estão implicadas nas três ecologias: do meio ambiente, do *socius* e da psique.

Não se pode conceber resposta ao envenenamento da atmosfera e ao aquecimento do planeta, devidos ao efeito estufa, uma estabilização demográfica, sem uma mutação das mentalidades, sem a promoção de uma nova arte de viver em sociedade. Não se pode conceber disciplina internacional nesse domínio sem trazer uma solução para os problemas da fome no mundo, da hiperinflação no Terceiro Mundo. Não se pode conceber uma recomposição coletiva do *socius*, correlativa a uma ressingularização da subjetividade, a uma nova forma de conceber a democracia política e econômica, respeitando as diferenças culturais, sem múltiplas revoluções moleculares. Não se pode esperar uma melhoria das condições de vida da espécie humana sem um esforço considerável de promoção da condição feminina. O conjunto da divisão do trabalho, seus modos de valorização e suas finalidades devem ser igualmente repensados. A produção pela produção, a obsessão pela taxa de crescimento, quer seja no mercado capitalista ou na economia planificada, conduzem a absurdidades monstruosas. A única finalidade aceitável das atividades humanas é a produção de uma subjetividade que enriqueça de modo contínuo sua relação com o mundo.

Os dispositivos de produção de subjetividade podem existir em escala de megalópoles assim como em escala dos jogos de linguagem de um indivíduo. Para apreender os recursos íntimos dessa produção — essas rupturas de sentido autofundadoras de existência —, a poesia, atualmente, talvez tenha mais a nos ensinar do que as ciências econômicas, as ciências humanas e a psicanálise reunidas! As transformações sociais podem proceder em grande escala, por mutação de subjetividade, como se vê atualmente com as revoluções subjetivas que se passam no leste de um modo moderadamente conservador, ou nos países do Oriente Médio, infelizmente de um modo largamente reacionário, até mesmo neofascista. Mas elas podem também se produzir em uma escala molecular — microfísica, no sentido de Foucault —, em uma atividade política, em uma cura analítica, na instalação de um dispositivo para mudar a vida da vizinhança, para mudar o modo de funcionamento de uma escola, de uma instituição psiquiátrica.

* * *

Tentei mostrar, ao longo dessa primeira parte, que a saída do reducionismo estruturalista pede uma refundação da problemática da subjetividade. Subjetividade parcial, pré-pessoal, polifônica, coletiva e maquínica. Fundamentalmente, a questão da enunciação se encontra aí descentrada em relação à da individuação humana. Ela se torna correlativa não somente à emergência de uma lógica de intensidades não discursivas, mas igualmente a uma incorporação-aglomeração pática, desses vetores de subjetividade parcial.

Convém assim renunciar às pretensões habitualmente universalistas das modelizações psicológicas. Os conteúdos ditos científicos das teorias psicanalíticas ou sistemistas, assim como as modelizações mitológicas ou religiosas, ou ainda as modelizações do delírio sistemático, valem essencialmente por sua função existencializante, quer dizer, de produção de subjetividade. Nessas condições, a atividade teórica se reorientará para uma metamodelização capaz de abarcar a diversidade dos sistemas de modelização. A esse respeito, convém, particularmente, situar a incidência concreta da subjetividade capitalística atualmente, subjetividade do equivaler generalizado, no contexto de desenvolvimento contínuo dos *mass media*, dos Equipamentos Coletivos, da revolução informática que parece chamada a recobrir com sua cinzenta monotonia os mínimos gestos, os últimos recantos de mistério do planeta.

Proporemos então operar um descentramento da questão do sujeito para a da subjetividade. O sujeito, tradicionalmente, foi concebido como essência última da individuação, como pura apreensão pré-reflexiva, vazia, do mundo, como foco da sensibilidade, da expressividade, unificador dos estados de consciência. Com a subjetividade, será dada, antes, ênfase à instância fundadora da intencionalidade. Trata-se de tomar a relação entre o sujeito e o objeto pelo meio, e de fazer passar ao primeiro plano a instância que se exprime (ou o Interpretante da tríade de Pierce). A partir daí se recolocará a questão do Conteúdo. Este participa da subjetividade, dando consistência à qualidade ontológica da Expressão. É nessa reversibilidade do Conteúdo e da Expressão que reside o que chamo de função existencializante. Partiremos, então, de um primado da substância enunciadora sobre o par Expressão e Conteúdo.

Acreditei perceber uma alternativa válida aos estruturalismos inspirados em Saussure, apoiando-me na oposição Expressão/Conteúdo, tal como a concebeu Hjelmslev,[13] quer dizer, fundada precisamente em uma reversibilidade possível entre a Expressão e o Conteúdo. Para além de Hjelmslev, pro-

---

[13] Louis Hjelmslev, *Prolégomènes à une théorie du langage*, Paris, Minuit, 1968; *Le Langage*, Paris, Minuit, 1969; *Essais linguistiques*, Paris, Minuit, 1971; *Nouveaux essais*, Paris, PUF, 1985.

ponho considerar uma multiplicidade de instâncias que se exprimem, quer sejam da ordem da Expressão ou do Conteúdo. Ao invés de tirar partido da oposição Expressão/Conteúdo, que em Hjelmslev duplica o par significante/significado de Saussure, tratar-se-ia de colocar em polifonia, em paralelo, uma multiplicidade de sistemas de expressão, ou do que chamaria agora de substâncias de expressão.

Minha dificuldade metodológica deve-se ao fato de que o próprio Hjelmslev empregava a categoria de substância em uma tripartição entre matéria, substância e forma de Expressão e de Conteúdo. Nele, a junção entre a Expressão e o Conteúdo ocorria ao nível da forma de expressão e da forma do conteúdo que identificava. Essa forma comum ou comutante é um pouco misteriosa, mas se apresenta, em minha opinião, como uma intuição genial que levanta a questão da existência de uma máquina formal, transversal a toda modalidade de Expressão como de Conteúdo. Haveria então uma ponte, uma transversalidade entre a máquina de discursividade fonemática e sintagmática da Expressão, própria à linguagem, e o recorte das unidades semânticas do Conteúdo, por exemplo a maneira pela qual serão classificadas as cores, as categorias animais. Denomino essa forma comum de máquina desterritorializada, máquina abstrata. Essa noção de máquina semiótica não foi inventada por mim: encontrei-a em Chomsky, que fala de máquina abstrata na raiz da linguagem. Só que esse conceito, essa oposição Expressão/Conteúdo, ou esse conceito chomskiano de máquina abstrata, ainda permanecem muito rebatidos sobre a linguagem. O objetivo seria resituar a semiologia e as semióticas no quadro de uma concepção maquínica ampliada da forma, que nos afastaria de uma simples oposição linguística Expressão/Conteúdo e nos permitiria integrar aos Agenciamentos enunciativos um número indefinido de substâncias de Expressão como as codificações biológicas ou as formas de organização próprias ao *socius*.

Heterogênese

Nessa perspectiva, a questão da substância enunciadora sairia da tripartição tal como a concebia Hjelmslev, entre matéria/substância/forma, a forma se lançando como uma rede sobre a matéria para engendrar a substância tanto de Expressão quanto de Conteúdo. Tratar-se-ia de fazer estilhaçar de modo pluralista o conceito de substância, de forma a promover a categoria de substância de expressão, não apenas nos domínios semiológicos e semióticos mas também nos domínios extralinguísticos, não humanos, biológicos, tecnológicos, estéticos etc. Deste modo, o problema do Agenciamento de enunciação não seria mais específico de um registro semiótico, mas atravessaria um conjunto de matérias expressivas heterogêneas. Transversalidade, então, entre substâncias enunciadoras que podem ser, por um lado, de ordem expressiva linguística, mas, por outro lado, de ordem maquínica, se desenvolvendo a partir de "matérias não semioticamente formadas", para retomar uma outra expressão de Hjelmslev.

A subjetividade maquínica, o agenciamento maquínico de subjetivação, aglomera essas diferentes enunciações parciais e se instala de algum modo antes e ao lado da relação sujeito-objeto. Ela tem, além disso, um caráter coletivo, é multicomponencial, uma multiplicidade maquínica. E, terceiro aspecto, comporta dimensões incorporais — o que constitui talvez o lado mais problemático da questão e que só é abordado lateralmente por Noam Chomsky com sua tentativa de retomada do conceito medieval de Universais. Retomemos esses três pontos. As substâncias expressivas linguísticas e não linguísticas se instauram no cruzamento de cadeias discursivas pertencentes a um mundo finito pré-formado (o mundo do grande Outro lacaniano) e de registros incorporais com virtualidades criacionistas infinitas (já estas não têm nada a ver com os "matemas" lacanianos). É nessa zona de interseção que o sujeito e o objeto se fundem e encontram seu fundamento. Trata-se de um dado com o qual os fenomenólogos estiveram às voltas, ao mostrar que a intencionalidade é inseparável de seu objeto e depende então é da ordem de um aquém da relação discursiva sujeito-objeto. Psicólogos enfatizaram as relações de empatia e de transitivismo na infância e na psicose. Mesmo Lacan, quando ainda influenciado pela fenomenologia, em suas primeiras obras, evocou a importância desse tipo de fenômeno. De um modo geral, pode-se dizer que a psicanálise nasceu indo ao encontro dessa fusão objeto-sujeito que vemos operando na sugestão, na hipnose, na histeria. O que originou a prática e a teoria freudiana foi uma tentativa de leitura do transitivismo subjetivo da histeria.

Os antropólogos, aliás, desde a época de Lévy-Bruhl, Przyluski etc., mostraram que existia, nas sociedades arcaicas, o que denominavam uma "participação", uma subjetividade coletiva, investindo um certo tipo de objeto e se colocando em posição de foco existencial do grupo. Mas nas pesquisas sobre as novas formas de arte, como as de Deleuze sobre o cinema, veremos, por exemplo, imagens-movimento ou imagens-tempo se constituírem igualmente em germes de produção de subjetividade. Não se trata de uma imagem passivamente representativa, mas de um vetor de subjetivação. E eis-nos então confrontados com um conhecimento pático, não discursivo, que se dá como uma subjetividade em direção à qual se vai, subjetividade absorvedora, dada de imediato em sua complexidade. Poder-se-ia atribuir a intuição disso a Bergson, que esclareceu essa experiência não discursiva da duração em oposição a um tempo recortado em presente, passado e futuro, segundo esquemas espaciais.

Essa subjetividade pática, aquém da relação sujeito-objeto, continua, com efeito, se atualizando através de coordenadas energético-espaço-temporais, no mundo da linguagem e de múltiplas mediações; mas o que importa, para captar o móvel da produção de subjetividade, é apreender, através dela, a pseudodiscursividade, o desvio de discursividade, que se

Heterogênese   37

instaura no fundamento da relação sujeito-objeto, digamos numa pseudomediação subjetiva.

Na raiz de todos os modos de subjetivação, essa subjetividade pática é ocultada na subjetividade racionalista capitalística, que tende a contorná-la sistematicamente. A ciência é construída sobre uma tal colocação entre parênteses desses fatores de subjetivação que só encontram o meio de vir à expressão colocando fora de significação certas cadeias discursivas.

O freudismo, embora impregnado de cientificismo, pode ser caracterizado, em suas primeiras etapas, como uma rebelião contra o reducionismo positivista, que tendia a deixar de lado essas dimensões páticas. O sintoma, o lapso, o chiste, são concebidos aí como objetos destacados que permitem que um modo de subjetividade que perdeu sua consistência encontre a via de uma "passagem à existência". O sintoma funciona como ritornelo existencial a partir de sua própria repetitividade. O paradoxo consiste no fato de que a subjetividade pática tende a ser constantemente evacuada das relações de discursividade, mas é esencialmente na subjetividade pática que os operadores de discursividade se fundam. A função existencial dos agenciamentos de enunciação consiste na utilização de cadeias de discursividade para estabelecer um sistema de repetição, de insistência intensiva, polarizado entre um Território existencial territorializado e Universos incorporais desterritorializados — duas funções metapsicológicas que podemos qualificar de ontogenéticas.

Os Universos de valor referencial dão sua consistência própria às máquinas de Expressão, articuladas em *Phylum* maquínicos. Os ritornelos complexos, para além dos simples ritornelos de territorialização, declinam a consistência singular desses Universos. (Por exemplo, a apreensão pática das ressonâncias harmônicas, fundadas na gama diatônica, configura o "fundo" de consistência da música polifônica, ou ainda a apreensão da concatenação possível dos números e dos algoritmos configura o "fundo" das idealidades matemáticas.)

A consistência maquínica abstrata que se encontra dessa forma conferida aos Agenciamentos de enunciação reside no escalonamento e na ordenação dos níveis parciais de territorialização existencial. O ritornelo complexo funciona, além disso, como interface entre registros atualizados de discursividade e Universos de virtualidade não discursivos. É o aspecto mais desterritorializado do ritornelo, sua dimensão de Universo de valor incorporal que assume o controle dos aspectos mais territorializados através de um movimento de desterritorialização, desenvolvendo campos de possível, tensões de valor, relações de heterogeneidade, de alteridade, de devir outro. A diferença entre esses Universos de valor e as Ideias platônicas é que eles não têm caráter de fixidez. Trata-se de constelações de Universos, no interior das quais um componente pode se afirmar sobre os outros e modificar a configuração referencial inicial e o modo de valorização dominante. (Por exemplo, veremos afirmar-se, ao longo da Antiguidade, o primado de uma máquina militar baseada nas armas de ferro sobre a máquina de Estado despótica, a máquina de escritura, a máquina religiosa etc.) A cristalização de uma tal constelação poderá ser "ultrapassada" ao longo da discursividade histórica, mas jamais apagada enquanto ruptura irreversível da memória incorporal da subjetividade coletiva.

Colocamo-nos, então, aqui totalmente fora da visão de um Ser que atravessaria, imutável, a história universal das composições ontológicas. Existem constelações incorporais singulares que pertencem ao mesmo tempo à história natural e à história humana e simultaneamente lhes escapam por milhares de linhas de fuga. A partir do momento em que há surgimento de Universos matemáticos, não se pode mais fazer com que essas máquinas abstratas que os suportam não tenham já existido em toda parte e desde sempre e não se projetem nos possíveis por vir. Não se pode mais fazer com que a música polifônica não tenha sido inventada pela sequência dos tempos passados e futuros. Essa é a primeira base de

Heterogênese

consistência ontológica dessa função de subjetivação existencial que se situa na perspectiva de um certo criacionismo axiológico.

A segunda é a da encarnação desses valores na irreversibilidade do ser aí dos Territórios existenciais, que conferem seu selo de autopoiese, de singularização, aos focos de subjetivação. Na lógica dos conjuntos discursivos que regem os domínios dos Fluxos e dos *Phylum* maquínicos há sempre separação entre os polos do sujeito e do objeto, há o que Pierre Lévy denomina o estabelecimento de uma "cortina de ferro" ontológica.[14] A verdade de uma proposição responde ao princípio do terceiro excluído; cada objeto se apresenta em uma relação de oposição binária com um "fundo", ao passo que na lógica pática não há mais referência global extrínseca que se possa circunscrever. A relação objetal se encontra precarizada, assim como se encontram novamente questionadas as funções de subjetivação.

O Universo incorporal não se apoia em coordenadas bem-arrimadas no mundo, mas em ordenadas, em uma ordenação intensiva mais ou menos engatada nesses Territórios existenciais. Territórios que pretendem englobar em um mesmo movimento o conjunto da mundaneidade e que só contam, na verdade, com ritornelos derrisórios, indexando senão sua vacuidade, ao menos o grau zero de sua intensidade ontológica. Territórios, então, jamais dados como objeto mas sempre como repetição intensiva, lancinante afirmação existencial. E, repito, essa operação se efetua através do empréstimo de cadeias semióticas destacadas e desviadas de sua vocação significacional ou de codificação. Aqui uma instância expressiva se funda sobre uma relação matéria-forma, que extrai formas complexas a partir de uma matéria caótica.

---

[14] Pierre Lévy, *Les Technologies de l'inteligence*, Paris, La Découverte, 1990 (ed. bras.: *As tecnologias da inteligência*, Rio de Janeiro, Editora 34, 1993).

Mas voltemos à lógica dos conjuntos discursivos: é a do Capital, do Significante, do Ser com um S maiúsculo. O Capital é o referente da equivalência generalizada do trabalho e dos bens; o Significante, o referente capitalístico das expressões semiológicas, o grande redutor da polivocidade expressiva; e o Ser, o equivalente ontológico, o fruto da redução da polivocidade ontológica. O verdadeiro, o bom, o belo são categorias de "normatização" dos processos que escapam à lógica dos conjuntos circunscritos. São referentes vazios, que criam o vazio, que instauram a transcendência nas relações de representação. A escolha do Capital, do Significante, do Ser, participa de uma mesma opção ético-política. O Capital esmaga sob sua bota todos os outros modos de valorização. O Significante faz calar as virtualidades infinitas das línguas menores e das expressões parciais. O Ser é como um aprisionamento que nos torna cegos e insensíveis à riqueza e à multivalência dos Universos de valor que, entretanto, proliferam sob nossos olhos. Existe uma escolha ética em favor da riqueza do possível, uma ética e uma política do virtual que descorporifica, desterritorializa a contingência, a causalidade linear, o peso dos estados de coisas e das significações que nos assediam. Uma escolha da processualidade, da irreversibilidade e da ressingularização. Esse redesdobramento pode se operar em pequena escala, de modo completamente cerceado, pobre, até mesmo catastrófico, na neurose. Pode tomar de empréstimo referências religiosas reativas; pode se anular no álcool, na droga, na televisão, na cotidianidade sem horizonte. Mas pode também tomar de empréstimo outros procedimentos, mais coletivos, mais sociais, mais políticos...

Para questionar as oposições de tipo dualista ser/ente, sujeito/objeto, os sistemas de valorização bipolar maniqueístas, propus o conceito de intensidade ontológica, que implica um engajamento ético-estético do agenciamento enunciativo, tanto nos registros atuais quanto nos virtuais. Mas um outro elemento da metamodelização que proponho aqui reside no caráter coletivo das multiplicidades maquínicas. Não existe totalização personológica dos diferentes componentes de Expressão, totalização fechada em si mesma dos Universos de referência, nem nas ciências, nas artes e tampouco na sociedade. Há aglomeração de fatores heterogêneos de subjetivação. Os segmentos maquínicos remetem a uma mecanosfera destotalizada, desterritorializada, a um jogo infinito de interface, segundo a expressão de Pierre Lévy.

Não existe, insisto, um Ser já aí, instalado através da temporalidade. Esse questionamento de relações duais, binárias, do tipo Ser/ente, consciente/inconsciente, implica o questionamento do caráter de linearidade semiótica que parece sempre evidente. A expressão pática não se instaura em uma relação de sucessividade discursiva, para colocar o objeto sob o fundo de um referente bem circunscrito. Estamos aqui em um registro de coexistência, de cristalização de intensidade. O tempo não existe como continente vazio (concepção que permanece na base do pensamento einsteiniano). As relações de temporalização são essencialmente de sincronia maquínica. Há desdobramento de ordenadas axiológicas, sem que haja constituição de um referente exterior a esse desdobramento. Estamos aqui aquém da relação de linearidade "extensionalizante" entre um objeto e sua mediação representativa no interior de uma compleição maquínica abstrata.

Insisti, em terceiro lugar, no caráter incorporal e virtual de uma parte essencial do "meio ambiente" dos agenciamentos de enunciação. Dir-se-ia que os universos de referência incorporais são *in voce*, segundo uma terminologia "terminista", nominalista, tornando as entidades semióticas tributárias de uma pura subjetividade, ou que eles são *in res*, no quadro de uma concepção realista do mundo, sendo a subjetividade apenas um artefato ilusório? Talvez seja necessário afirmar sincronicamente essas duas posições, instaurando-se o domínio das intensidades virtuais antes das distinções entre a máquina semiótica, o objeto referido e o sujeito enunciador.

Por não se ter visto que os segmentos maquínicos eram autopoiéticos e ontogenéticos, procedeu-se ininterruptamente a reduções universalistas quanto ao Significante e quanto à racionalidade científica. As interfaces maquínicas são heterogenéticas; elas interpelam a alteridade dos pontos de vista que se pode ter sobre elas e, consequentemente, sobre os sistemas de metamodelização que permitem considerar, de um modo ou de outro, o caráter fundamentalmente inacessível de seus focos autopoiéticos. É preciso se afastar de uma referência única às máquinas tecnológicas, ampliar o conceito de máquina, para posicionar essa adjacência da máquina aos Universos de referência incorporais (máquina musical, máquina matemática...). As categorias de metamodelização propostas aqui — os Fluxos, os *Phylum* maquínicos, os Territórios existenciais, os Universos incorporais — só têm interesse porque estão em grupo de quatro e permitem que nos afastemos das descrições ternárias que sempre são rebatidas sobre um dualismo. O quarto termo vale por um enésimo termo, quer dizer, a abertura para a multiplicidade. O que distingue uma metamodelização de uma modelização é, assim, o fato de ela dispor de um termo organizador das aberturas possíveis para o virtual e para a processualidade criativa.

II. Máquinas semióticas e heterogênese ou A heterogênese maquínica

Embora seja comum tratar a máquina como um subconjunto da técnica, penso há muito tempo que é a problemática das técnicas que está na dependência das questões colocadas pelas máquinas e não o inverso. A máquina tornar-se-ia prévia à técnica ao invés de ser a expressão desta. O maquinismo é objeto de fascinação, às vezes de delírio. Sobre ele existe todo um "bestiário" histórico. Desde a origem da filosofia, a relação do homem com a máquina é fonte de indagações. Aristóteles considera que a *technè* tem como missão criar o que a natureza não pode realizar. Da ordem do "saber" e não do "fazer", ela interpõe, entre a natureza e a humanidade, uma espécie de mediação criativa cujo estatuto de "interseção" é fonte de perpétua ambiguidade. Enquanto as concepções "mecanicistas" da máquina esvaziam-na de tudo o que possa fazê-la escapar a uma simples construção *partes extra partes*, as concepções vitalistas assimilam-na aos seres vivos, a não ser que sejam os seres vivos os assimilados à máquina. A perspectiva cibernética aberta por Norbert Wiener (*Cibernética e sociedade*) considera os sistemas vivos como máquinas particulares dotadas do princípio de retroação. Por sua vez, concepções "sistemistas" mais recentes (Humberto Maturana e Francisco Varela) desenvolvem o conceito de *autopoiese* (autoprodução), reservando-o às máquinas vivas. Uma moda filosófica, na trilha de Heidegger, atribui à *technè* — em sua oposição à técnica moderna — uma missão de "desvelamento da verdade" que vai "buscar o verdadeiro através do exato". Assim ela fixa a *technè* a uma base ontológica — a um *"grund"*, — comprometendo seu caráter de abertura processual. Através dessas posições tentaremos discernir limiares de intensidade ontológica que nos permitem apreender o maquinismo como um todo em seus avatares técnicos, sociais, semióticos, axiológicos. Isso implica reconstruir um conceito de máquina que se desenvolve muito além da máquina técnica. Para cada tipo de máquina, colocaremos a questão, não de sua autonomia vital — não é um animal — mas de seu poder singular de enunciação: o que denomino sua consistência enunciativa específica.

O primeiro tipo de máquina em que pensamos é o dos dispositivos materiais. São fabricados pela mão do homem — ela mesma substituída por outras máquinas — e isso segundo concepções e planos que respondem a objetivos de produção. Denomino essas diferentes etapas de esquemas diagramáticos finalizados. Através dessa montagem e dessa finalização, se coloca de saída a necessidade de ampliar a delimitação da máquina *stricto sensu* ao conjunto funcional que a associa ao homem através de múltiplos componentes:

— componentes materiais e energéticos;

— componentes semióticos diagramáticos e algorítmicos (planos, fórmulas, equações, cálculos que participam da fabricação da máquina);

— componentes sociais, relativos à pesquisa, à formação, à organização do trabalho, à ergonomia, à circulação e à distribuição de bens e serviços produzidos...

— componentes de órgão, de influxo, de humor do corpo humano;

— informações e representações mentais individuais e coletivas;

— investimentos de "máquinas desejantes" produzindo uma subjetividade adjacente a esses componentes;

— máquinas abstratas se instaurando transversalmente aos níveis maquínicos materiais, cognitivos, afetivos, sociais, anteriormente considerados.

Quando falamos de máquinas abstratas, por "abstrato" podemos igualmente entender "extrato", no sentido de extrair. São montagens suscetíveis de pôr em relação todos os níveis heterogêneos que atravessam e que acabamos de enumerar. A máquina abstrata lhes é transversal. É ela que lhes dará ou não uma existência, uma eficiência, uma potência de autoafirmação ontológica. Os diferentes componentes são levados, remanejados por uma espécie de dinamismo. Um tal conjunto funcional será doravante qualificado de Agenciamento maquínico. O termo Agenciamento não comporta nenhuma noção de ligação, de passagem, de anastomose entre seus componentes. É um Agenciamento de campo de possíveis, de virtuais tanto quanto de elementos constituídos sem noção de relação genérica ou de espécie. Dentro desse quadro, os utensílios, os instrumentos, as ferramentas mais sim-

Heterogênese

ples, as menores peças estruturadas de uma maquinaria adquirirão o estatuto de protomáquina.

Tomemos um exemplo. Se desconstruirmos um martelo, retirando-lhe seu cabo: é sempre um martelo, mas em estado "mutilado". A "cabeça" do martelo — outra metáfora zoomórfica — pode ser reduzida por fusão. Ela transporá então um limiar de consistência formal onde perderá sua forma; esta *gestalt* maquínica opera, aliás, tanto em um plano tecnológico quanto em um nível imaginário (quando se evoca, por exemplo, a lembrança obsoleta da foice e do martelo). Consequentemente, estamos apenas diante de uma massa metálica devolvida ao alisamento, à desterritorialização, que precede sua entrada numa forma maquínica. Para ultrapassar esse tipo de experiência, similar àquela do pedaço de cera cartesiano, tentemos, inversamente, associar o martelo e o braço, o prego e a bigorna. Eles mantêm entre si relações de encadeamento sintagmáticas. Sua "dança coletiva" poderá mesmo ressuscitar a defunta corporação dos ferreiros, a sinistra época das antigas minas de ferro, os usos ancestrais das rodas de ferro...

Como enfatizou Leroi-Gourhan, o objeto técnico não é nada fora do conjunto técnico a que pertence. E acontece o mesmo com as máquinas sofisticadas, tais como esses robôs que em breve serão engendrados por outros robôs. O gesto humano permanece adjacente à sua gestação, à espera da falha que requeira sua intervenção: esse resíduo de um ato direto. Mas tudo isso não diz respeito a uma visão parcial, a um certo gosto por uma época datada da ficção científica? É curioso observar que, para adquirir cada vez mais vida, as máquinas exigem, em troca, no percurso de seus *phylum* evolutivos, cada vez mais vitalidade humana abstrata. Assim a concepção por computador, os sistemas *experts* e a inteligência artificial dão, pelo menos, tanto a pensar quanto subtraem do pensamento o que constitui no fundo apenas esquemas inerciais. As formas de pensamento que trabalham com computador são de fato mutantes, concernem a outras músicas, a outros Universos de referência.[15]

Impossível, então, recusar ao pensamento humano sua parte na essência do maquinismo. Mas até que ponto este pode ainda ser qualificado de humano? O pensamento técnico-científico não é da ordem de um certo tipo de maquinismo mental e semiótico? Impõe-se aqui estabelecer uma distinção entre as semiologias produtoras de significações — moeda corrente dos grupos sociais —, como a enunciação "humana" de gente que trabalha em torno da máquina, e, por outro lado, as semióticas assignificantes, que, independentemente da quantidade de significações que veiculam, manipulam figuras de expressão que se poderia qualificar de "não humanas"; são equações e planos que enunciam a máquina e fazem-na agir de forma diagramática sobre os dispositivos técnicos e experimentais. As semiologias da significação utilizam claves de oposições distintivas de ordem fonemática ou escritural que transcrevem os enunciados em matérias de expressão significantes.

Os estruturalistas se regozijaram em erigir o Significante como categoria unificadora de todas as economias expressivas: a língua, o ícone, o gesto, o urbanismo, o cinema etc... Postularam uma traduzibilidade geral significante de todas as formas de discursividade. Mas, ao fazer isso, não ignoraram a dimensão essencial de uma autopoiese maquínica? Essa emergência contínua de sentidos e de efeitos não diz respeito à redundância da mimese, mas a uma produção de efeito de sentido singular, ainda que indefinidamente reprodutível.

Esse núcleo autopoiético da máquina é o que faz com que ela escape à estrutura, diferenciando-a e dando-lhe seu valor. A estrutura implica ciclos de retroações, põe em jogo

---

[15] Pierre Lévy, "Plissé fractal: idéographie dynamique" (Mémoire d'Habilitation à Diriger des Recherches en Sciences de l'Information et de la Communication).

um conceito de totalização que ela domina a partir de si mesma. É habitada por *inputs* e *outputs* que tendem a fazê-la funcionar segundo um princípio de eterno retorno. A estrutura é assombrada por um desejo de eternidade. A máquina, ao contrário, é atormentada por um desejo de abolição. Sua emergência é acompanhada pela pane, pela catástrofe, pela morte que a ameaçam. Ela possui uma dimensão suplementar: a de uma alteridade que ela desenvolve sob diferentes formas. Essa alteridade afasta-a da estrutura, orientada por um princípio de homeomorfia. A diferença promovida pela autopoiese maquínica é fundada sobre o desequilíbrio, a prospecção de Universos virtuais longe do equilíbrio. E não se trata apenas de uma ruptura de equilíbrio formal, mas de uma radical reconversão ontológica. A máquina depende sempre de elementos exteriores para poder existir como tal. Implica uma complementaridade não apenas com o homem que a fabrica, a faz funcionar ou a destrói, mas ela própria está em uma relação de alteridade com outras máquinas, atuais ou virtuais, enunciação "não humana", diagrama protossubjetivo.

Essa reconversão ontológica rompe o alcance totalizante do conceito de Significante. Pois não são as mesmas entidades significantes que operam as diversas mutações de referente ontológico que nos fazem passar do Universo da química molecular ao da química biológica, ou do mundo da acústica ao das músicas polifônicas e harmônicas. Certamente, as linhas de decifração significante, compostas por figuras discretas, binarizáveis, sintagmatizáveis e paradigmatizáveis, podem coincidir de um universo ao outro e dar a ilusão de que uma mesma trama significante habita todos esses domínios. Mas o mesmo não ocorre com a textura desses universos de referência, que são marcados, a cada vez, com o selo da singularidade. Da acústica à música polifônica, as constelações de intensidades expressivas divergem. Elas dizem respeito a uma certa relação pática, liberando consistências on-

48 Caosmose

tológicas irredutivelmente heterogêneas. Descobrem-se assim tantos tipos de desterritorialização quantos traços de matéria de expressão. A articulação significante que os sobrepuja — em sua indiferente neutralidade — é incapaz de se impor como relação de imanência com as intensidades maquínicas — quer dizer, com o que constitui o núcleo não discursivo e autoenunciador da máquina.

As diversas modalidades da autopoiese maquínica escapam essencialmente à mediação significante e não se submetem a nenhuma sintaxe geral dos procedimentos de desterritorialização. Nenhum par ser/ente, ser/nada, ser/outro, poderá ocupar o lugar de *binary digit* ontológico. As proposições maquínicas escapam aos jogos comuns da discursividade, às coordenadas estruturais de energia, de tempo e de espaço.

Entretanto, tampouco existe uma "transversalidade" ontológica. O que acontece em um nível particular-cósmico não deixa de estar relacionado ao que acontece com o *socius* ou com a alma humana. Mas não segundo harmônicas universais de natureza platônica (*O sofista*). A composição das intensidades desterritorializantes se encarna em máquinas abstratas. É preciso considerar que existe uma essência maquínica que irá se encarnar em uma máquina técnica, mas igualmente no meio social, cognitivo, ligado a essa máquina — os conjuntos sociais são também máquinas, o corpo é uma máquina, há máquinas científicas, teóricas, informacionais. A máquina abstrata atravessa todos esses componentes heterogêneos, mas sobretudo ela os heterogeneíza fora de qualquer traço unificador e segundo um princípio de irreversibilidade, de singularidade e de necessidade. A esse respeito, o significante lacaniano é fustigado por uma dupla carência: é abstrato demais, pelo fato de traduzibilizar sem o menor esforço as matérias de expressão heterogêneas; ele perde a heterogênese ontológica, uniformiza e sintaxiza gratuitamente as diversas regiões do ser e, ao mesmo tempo, não é suficientemente abstrato porque é incapaz de dar conta da especificidade

Heterogênese

desses núcleos maquínicos autopoiéticos aos quais é necessário voltar agora.

Francisco Varela caracteriza uma máquina como "o conjunto das inter-relações de seus componentes independentemente de seus próprios componentes".[16] A organização de uma máquina não tem, pois, nada a ver com a sua materialidade. Ele distingue dois tipos de máquinas: as "alopoiéticas", que produzem algo diferente delas mesmas, e as "autopoiéticas", que engendram e especificam continuamente sua própria organização e seus próprios limites. Estas últimas realizam um processo incessante de substituição de seus componentes porque estão submetidas a perturbações externas que devem constantemente compensar. De fato, a qualificação de autopoiética é reservada por Varela ao domínio biológico; dela são excluídos os sistemas sociais, as máquinas técnicas, os sistemas cristalinos etc. — tal é o sentido de sua distinção entre alopoiese e autopoiese. Mas a autopoiese, que define unicamente entidades autônomas, individualizadas, unitárias e escapando às relações de *input* e *output*, carece das características essenciais aos organismos vivos, como o fato de que nascem, morrem e sobrevivem através de *phylum* genéticos.

Parece-me, entretanto, que a autopoiese mereceria ser repensada em função de entidades evolutivas, coletivas e que mantêm diversos tipos de relações de alteridade, ao invés de estarem implacavelmente encerradas nelas mesmas. Assim as instituições como as máquinas técnicas que, aparentemente, derivam da alopoiese, consideradas no quadro dos Agenciamentos maquínicos que elas constituem com os seres humanos, tornam-se autopoiéticas *ipso facto*. Considerar-se-á, então, a autopoiese sob o ângulo da ontogênese e da filogênese próprias a uma mecanosfera que se superpõe à biosfera.

A evolução filogenética do maquinismo se traduz, em um primeiro nível, pelo fato de que as máquinas se apresen-

[16] *Op. cit.*

tam por "gerações", recalcando umas às outras, à medida que se tornam obsoletas. A filiação das gerações passadas é prolongada para o futuro por linhas de virtualidade e por suas árvores de implicação. Mas não se trata aí de uma causalidade histórica unívoca. As linhas evolutivas se apresentam em rizomas; as datações não são sincrônicas mas *heterocrônicas*. Exemplo: a "decolagem" industrial das máquinas a vapor que ocorreu séculos após o império chinês tê-las utilizado como brinquedo de criança. De fato, esses rizomas evolutivos atravessam em blocos as civilizações técnicas. Uma mutação tecnológica pode conhecer períodos de longa estagnação ou de regressão, mas não há exemplo de que ela não "recomece" em uma época ulterior. Isso é particularmente claro com as inovações tecnológicas militares que pontuam frequentemente grandes sequências históricas às quais atribuem uma marca de irreversibilidade, fazendo desaparecer impérios em benefício de novas configurações geopolíticas. Mas, repito, isso já era verdadeiro quanto aos instrumentos, aos utensílios e às ferramentas as mais modestas, que não escapam a essa filogênese. Poder-se--ia, por exemplo, consagrar uma exposição à evolução do martelo desde a idade da pedra e conjecturar sobre o que ele será forçado a se tornar no contexto de novos materiais e de novas tecnologias. O martelo que hoje se compra no supermercado se acha, de algum modo, "destacado" de uma linha filogenética de prolongamentos virtuais indefinidos.

É no cruzamento de universos maquínicos heterogêneos, de dimensões diferentes, de textura ontológica estranha, com inovações radicais, sinais de maquinismos ancestrais outrora esquecidos e depois reativados, que se singulariza o movimento da história. A máquina neolítica associa, entre outros componentes, a máquina da língua falada, as máquinas de pedra talhada, as máquinas agrárias fundadas na seleção dos grãos e uma protoeconomia aldeã... A máquina escritural só verá sua emergência com o nascimento das megamáquinas

Heterogênese

urbanas (Lewis Mumford), correlativas à implantação dos impérios arcaicos. Paralelamente, grandes máquinas nômades se constituirão tendo como base o conluio entre a máquina metalúrgica e novas máquinas de guerra. Quanto às grandes máquinas capitalísticas, seus maquinismos de base foram proliferantes: máquinas de Estado urbano, depois real, máquinas comerciais, bancárias, máquinas de navegação, máquinas religiosas monoteístas, máquinas musicais e plásticas desterritorializadas, máquinas científicas e técnicas etc...

A questão da reprodutibilidade da máquina em um plano ontogenético é mais complexa. A manutenção do estado de funcionamento de uma máquina nunca ocorre sem falhas durante seu período de vida presumido, sua identidade funcional nunca é absolutamente garantida. O desgaste, a precariedade, as panes, a entropia, assim como seu funcionamento normal, lhe impõem uma certa renovação de seus componentes materiais, energéticos e informacionais, esses últimos podendo dissipar-se no "ruído". Paralelamente, a manutenção da consistência do agenciamento maquínico exige que seja também renovada a parte de gesto e de inteligência humana que entra em sua composição.

A alteridade homem/máquina está então inextricavelmente ligada a uma alteridade máquina/máquina que ocorre em relações de complementaridade ou relações agônicas (entre máquinas de guerra) ou ainda em relações de peças ou de dispositivos. De fato, o desgaste, o acidente, a morte e a ressurreição de uma máquina em um novo "exemplar" ou em um novo modelo fazem parte de seu destino e podem passar ao primeiro plano de sua essência em certas máquinas estéticas (as "compressões" de César, as "metamecânicas", as máquinas *happening*, as máquinas delirantes de Jean Tinguely).

A reprodutibilidade da máquina não é então uma pura repetição programada. Suas escansões de ruptura e de indiferenciação, que separam um modelo de qualquer suporte, introduzem sua parte de diferenças tanto ontogenéticas quanto filogenéticas. É durante essas fases de passagem ao estado de diagrama, de máquina abstrata desencarnada, que os "suplementos de alma" do núcleo maquínico têm sua diferença atestada em relação a simples aglomerados materiais. Um amontoado de pedras não é uma máquina, ao passo que uma parede já é uma protomáquina estática, manifestando polaridades virtuais, um dentro e um fora, um alto e um baixo, uma direita e uma esquerda...

Essas virtualidades diagramáticas fazem-nos sair da caracterização da autopoiese maquínica por Varela em termos de individuação unitária, sem *input* nem *output*, e nos levam a enfatizar um maquinismo mais coletivo, sem unidade delimitada e cuja autonomia se adapta a diversos suportes de alteridade. A reprodutibilidade da máquina técnica, diferentemente da dos seres vivos, não repousa em sequências de codificação perfeitamente circunscritas em um genoma territorializado. Cada máquina tecnológica tem seus planos de concepção e de montagem mas, por um lado, estes mantêm sua distância em relação a ela e, por outro lado, são remetidos de uma máquina à outra de modo a constituir um rizoma diagramático que tende a cobrir globalmente a mecanosfera. As relações das máquinas tecnológicas entre si e os ajustes de suas peças respectivas pressupõem uma serialização formal e uma certa diminuição de sua singularidade — mais forte do que a das máquinas vivas — correlativas a uma distância tomada entre a máquina manifestada nas coordenadas energético-espaço-temporais e a máquina diagramática que se desenvolve em coordenadas mais numerosas e mais desterritorializadas.

Essa distância desterritorializante e essa perda de singularidade devem ser relacionadas a um alisamento completo das matérias constitutivas da máquina técnica. Certamente as asperezas singulares próprias a essas matérias não podem nunca ser completamente abolidas, mas elas só devem interferir no "jogo" da máquina se aí forem requisitadas por seu

Heterogênese 53

funcionamento diagramático. Examinemos, a partir de um dispositivo maquínico aparentemente simples — o par formado por uma fechadura e sua chave —, esses dois aspectos de desvio maquínico e de alisamento. Dois tipos de forma, com texturas ontológicas heterogêneas, se encontram aqui colocados em funcionamento:

— formas materializadas, contingentes, concretas, discretas, cuja singularidade está encerrada nela mesma, encarnadas respectivamente no perfil F^f da fechadura e no perfil F^c da chave. F^f e F^c nunca coincidem totalmente. Elas evoluem ao longo do tempo devido ao desgaste e à oxidação. Mas ambas são obrigadas a permanecer no quadro de um desvio padrão, para além do qual a chave deixaria de ser operacional;

— formas "formais", diagramáticas, subsumidas por esse desvio padrão, que se apresentam como um *continuum* incluindo toda a gama dos perfis F^c, F^f compatíveis com o acionar efetivo da fechadura.

Logo se constata que o efeito, a passagem ao ato possível, deve ser inteiramente assinalado do lado do segundo tipo de forma. Embora se escalonando em um desvio padrão o mais restrito possível, essas formas diagramáticas se apresentam em número infinito. De fato, trata-se de uma integral das formas F^c, F^f.

Essa forma integral infinitária duplica e alisa as formas contingentes F^f e F^c, que só valem maquinicamente na medida em que elas lhes pertençam. Um ponto é assim estabelecido "por cima" das formas concretas autorizadas. É essa operação que qualifico de alisamento desterritorializado e que concerne tanto à normalização das matérias constitutivas da máquina quanto à sua qualificação "digital" e funcional. Um minério de ferro que não houvesse sido suficientemente laminado, desterritorializado, apresentaria rugosidades de trituração dos minerais de origem que falseariam os perfis ideais da chave e da fechadura. O alisamento do material deve retirar-lhe os aspectos de singularidade excessivos e fazer com que ele se comporte de forma a moldar fielmente as impressões formais que lhe são extrínsecas. Acrescentemos que essa modelagem, nisso comparável à fotografia, não deve ser evanescente demais, e deve conservar uma consistência própria suficiente. Aí também se encontra um fenômeno de desvio padrão, pondo em jogo uma consistência diagramática teórica. Uma chave de chumbo ou de ouro correria o risco de se entortar dentro de uma fechadura de aço. Uma chave levada ao estado líquido ou ao estado gasoso perde logo sua eficiência pragmática e sai do campo da máquina técnica.

Esse fenômeno de fronteira formal será encontrado em todos os níveis das relações intramáquinas e das relações intermáquinas, particularmente com a existência de peças sobressalentes. Os componentes da máquina técnica são assim como as peças de uma moeda formal, o que é revelado de modo ainda mais evidente desde sua concepção e sua confecção auxiliadas por computador.

Essas formas maquínicas, esses alisamentos de matéria, de desvio padrão entre as peças, de ajustes funcionais, tenderiam a fazer pensar que a forma prima sobre a consistência e sobre as singularidades materiais, parecendo a reprodutibilidade da máquina tecnológica impor que cada um de seus elementos se insira em uma definição preestabelecida de ordem diagramática.

Charles Sanders Pierce, que qualificava o diagrama de "ícone de relação" e que o assimilava à função dos algoritmos, dele nos propôs uma visão ampliada que convém ainda, na presente perspectiva, transformar. O diagrama, com efeito, é concebido aí como uma máquina autopoiética, o que não apenas lhe confere uma consistência funcional e uma consistência material mas lhe impõe também o desdobramento de seus diversos registros de alteridade, que o fazem escapar a uma identidade restrita a simples relações estruturais.

A protossubjetividade da máquina se instaura em universos de virtualidade que ultrapassam sua territorialidade

Heterogênese

existencial em todos os sentidos. Assim, recusamo-nos a postular uma subjetividade intrínseca à semiotização diagramática, por exemplo, uma subjetividade "aninhada" nas cadeias significantes em razão do célebre princípio lacaniano: "um significante representa o sujeito para um outro significante". Não existe, para os diversos registros de máquina, uma subjetividade unívoca à base de cisão, de falta e de sutura, mas modos ontologicamente heterogêneos de subjetividade, constelações de universos de referência incorporais que assumem uma posição de enunciadores parciais em domínios de alteridade múltiplos, que seriam melhor denominados domínios de alterificação.

Já encontramos alguns desses registros de alteridade maquínica:

— a alteridade de proximidade entre máquinas diferentes e entre peças da mesma máquina;

— a alteridade de consistência material interna;

— a alteridade de consistência formal diagramática;

— a alteridade de *phylum* evolutivo;

— a alteridade agônica entre máquinas de guerra, em cujo prolongamento poder-se-ia associar a alteridade "autoagônica" das máquinas desejantes que tendem a seu próprio colapso, sua própria abolição.

Uma outra forma de alteridade só foi abordada muito indiretamente; poder-se-ia chamá-la de alteridade de escala, ou alteridade fractal, que estabelece um jogo de correspondência sistêmica entre máquinas de diferentes níveis.[17]

Entretanto, não estamos preparando um quadro universal das formas de alteridade maquínicas pois, na verdade,

---

[17] Leibniz, em sua preocupação de tornar homogêneos o infinitamente grande e o infinitamente pequeno, estima que a máquina viva, que ele assimila a uma máquina divina, continua a ser máquina em suas menores partes, até o infinito (o que não seria o caso da máquina feita pela arte do homem). Cf. G. W. Leibniz, *La Monadologie*, Paris, Delagrave, 1962, par. 64, pp. 178-9.

suas modalidades ontológicas são infinitas. Elas se organizam por constelações de universos de referência incorporais de combinatórias e de criatividade ilimitadas.

As sociedades arcaicas estão melhor armadas do que as subjetividades brancas, masculinas, capitalísticas, para cartografar essa multivalência da alteridade. Remeto, a esse respeito, ao estudo de Marc Augé sobre os registros heterogêneos com os quais se relaciona o objeto fetiche *legba* na sociedade africana dos Fon. O *legba* se instaura transversalmente em:

— uma dimensão de destino;

— um universo de princípio vital;

— uma filiação ancestral;

— um deus materializado;

— um signo de apropriação;

— uma entidade de individuação;

— um fetiche na entrada da aldeia, um outro no pórtico da casa, após a iniciação na entrada do quarto...

O *legba* é um punhado de areia, um receptáculo, mas é também a expressão da relação com outrem. Encontramo-lo na porta, no mercado, na praça da aldeia, nas encruzilhadas. Pode transmitir as mensagens, as perguntas, as respostas. É também o instrumento da relação com os mortos ou com os ancestrais. É ao mesmo tempo um indivíduo e uma classe de indivíduos, um nome próprio e um nome comum. "Sua existência corresponde à evidência do fato de que o social não é somente da ordem da relação mas da ordem do ser". Marc Augé[18] enfatiza a impossível transparência e traduzibilidade dos sistemas simbólicos. "O dispositivo *legba* (...) se constrói segundo dois eixos. Um, visto do exterior ao interior; o outro, da identidade à alteridade." Assim o ser, a identidade e a relação com o outro são construídos, através da prática fe-

---

[18] Marc Augé, "Le Fétiche et son objet", em *L'Objet en psychanalyse* (apresentação de Maud Mannoni), Paris, Denoël, 1986.

Heterogênese

tichista, não apenas de modo simbólico mas também de modo ontológico aberto.

Ainda mais do que a subjetividade das sociedades arcaicas, os Agenciamentos maquínicos contemporâneos não têm referente padrão unívoco. Todavia estamos muito menos habituados à irredutível heterogeneidade — e mesmo ao caráter de heterogênese — de seus componentes referenciais. O Capital, a Energia, a Informação, o Significante são algumas das categorias que nos fazem acreditar na homogeneidade ontológica dos referentes biológicos, etológicos, econômicos, fonológicos, escriturais, musicais etc...

No contexto de uma modernidade reducionista, cabe-nos redescobrir que a cada promoção de um cruzamento maquínico corresponde uma constelação específica de Universos de referência a partir da qual uma enunciação parcial não humana se institui. As máquinas biológicas promovem os universos do vivo que se diferenciam em devires vegetais, devires animais. As máquinas musicais se instauram sobre universos sonoros constantemente remanejados desde a grande mutação polifônica. As máquinas técnicas se instituem no cruzamento dos componentes enunciativos os mais complexos e os mais heterogêneos.

Heidegger,[19] que fazia do mundo da técnica um tipo de destino maléfico resultante de um movimento de distanciamento do ser, tomava o exemplo de um avião comercial pousado em uma pista: o objeto visível esconde "o que ele é e a forma pela qual ele é". Ele só desvela seu "fundo à medida que é designado para assegurar a possibilidade de um transporte" e, para esse fim, "é preciso que ele seja designável, quer dizer pronto para voar e que ele o seja em toda sua construção". Essa interpelação, essa "designação", que revela o real como "fundo", é essencialmente operada pelo homem

---

[19] Martin Heidegger, *Essais et conférences*, Paris, Gallimard, 1988, pp. 9-48.

e se traduz em termos de operação universal, deslocar-se, voar... Mas esse "fundo" da máquina reside verdadeiramente em um "já aí", sob a espécie de verdades eternas, reveladas ao ser do homem? De fato, a máquina fala com a máquina antes de falar com o homem e os domínios ontológicos que ela revela e secreta são, em cada caso, singulares e precários.

Retomemos esse exemplo de um avião comercial, dessa vez não mais de forma genérica, mas através do modelo tecnologicamente datado que foi batizado "o Concorde". A consistência ontológica desse objeto é essencialmente compósita; ela está no cruzamento, no ponto de constelação e de aglomeração pática de universos que têm, cada um, sua própria consistência ontológica, seus traços de intensidade, suas ordenadas e coordenadas próprias, seus maquinismos específicos. Concorde concerne ao mesmo tempo a:

— um universo diagramático com os planos de sua "exequibilidade" teórica;

— universos tecnológicos que transpõem essa "exequibilidade" em termos de materiais;

— universos industriais capazes de produzi-lo efetivamente;

— universos imaginários coletivos correspondendo a um desejo suficiente de fazer com que ele exista;

— universos políticos e econômicos que permitem, entre outros, liberar os créditos para sua execução.

Mas o conjunto dessas causas finais, materiais, formais e eficientes, no final das contas, não dá conta do recado! O objeto Concorde circula efetivamente entre Paris e Nova York, mas permanece colado ao solo econômico. Essa falta de consistência de um de seus componentes fragilizou decisivamente sua consistência ontológica global. O Concorde só existe no limite de uma reprodutibilidade de doze exemplares e na raiz do *phylum* possibilista dos supersônicos por vir. O que já não é negligenciável!

Por que insistimos tanto na impossibilidade de fundar

uma traduzibilidade geral dos diversos componentes de referência e de enunciação parcial de agenciamento? Por que essa falta de reverência acerca da concepção lacaniana do significante? É que precisamente essa teorização oriunda do estruturalismo linguístico não nos faz sair da estrutura e nos impede de entrar no mundo real da máquina. O significante estruturalista é sempre sinônimo de discursividade linear. De um símbolo a outro, o efeito subjetivo advém sem outra garantia ontológica. Contrariamente, as máquinas heterogêneas, tais como as considera nossa perspectiva esquizoanalítica, não fornecem um ser padrão, ao sabor de uma temporalização universal. Para esclarecer esse ponto, dever-se-ão estabelecer distinções entre as diferentes formas de linearidade semiológica, semiótica e de encodização:

— as codificações do mundo "natural", que operam em várias dimensões espaciais (por exemplo, as da cristalografia) e que não implicam a extração de operadores de codificação autonomizados;

— a linearidade relativa das codificações biológicas, por exemplo a dupla hélice do DNA, que, a partir de quatro radicais químicos de base, se desenvolve igualmente em três dimensões;

— a linearidade das semiologias pré-significantes que se desenvolve em linhas paralelas relativamente autônomas, mesmo se as cadeias fonológicas da língua falada parecem sempre sobrecodificar todas as outras;

— a linearidade semiológica do significante estrutural que se impõe de modo despótico a todos os outros modos de semiotização, que os expropria e tende mesmo a fazê-los desaparecer no quadro de uma economia comunicacional dominada pela informática (precisemos: a informática em seu estágio atual, pois esse estado de coisas não é absolutamente definitivo);

— a sobrelinearidade de substâncias de expressão assignificantes, onde o significante perde seu despotismo, poden-

60   Caosmose

do as linhas informacionais recuperar um determinado paralelismo e trabalhar em contato direto com universos referentes que não são absolutamente lineares e que tendem a escapar, além disso, a uma lógica de conjuntos espacializados.

Os signos das máquinas semióticas assignificantes são, por um lado, "pontos-signos", de ordem semiótica; por outro lado, intervêm diretamente em uma série de processos maquínicos materiais. (Exemplo: o número do cartão de crédito que opera o funcionamento do distribuidor de notas.) As figuras semióticas assignificantes não secretam apenas significações. Elas proferem ordens de movimento e parada e, sobretudo, acionam a "passagem ao ser" de universos ontológicos. Consideremos, agora, o exemplo do ritornelo musical pentatônico que, ao fim de algumas notas, catalisa a constelação debussiana de múltiplos universos:

— o universo wagneriano em torno de Parsifal, que se liga ao território existencial constituído por Bayreuth;

— o universo do canto gregoriano;

— o da música francesa com a revalorização atual de Rameau e Couperin;

— o de Chopin em razão de uma transposição nacionalista (Ravel tendo por sua vez se apropriado de Liszt);

— a música javanesa, que Debussy descobriu na Exposição Universal de 1889;

— o mundo de Manet e de Mallarmé que se liga à estada do músico na Vila Médicis.

E a essas influências presentes e passadas conviria acrescentar as ressonâncias prospectivas que constituem a reinvenção da polifonia desde a Ars Nova, suas repercussões no *phylum* musical francês de Ravel, Duparc, Messiaen etc., na mutação sonora acionada por Stravinsky, sua presença na obra de Proust...

Vê-se bem assim que não existe nenhuma correspondência biunívoca entre elos lineares significantes ou de arquiescritura, segundo os autores, e essa catálise maquínica, multi-

Heterogênese   61

dimensional, multirreferencial. A simetria de escala, a transversalidade, o caráter pático não discursivo de sua expansão: todas essas dimensões nos fazem sair da lógica do terceiro excluído e nos incentivam a renunciar ao binarismo ontológico que havíamos anteriormente denunciado. Um Agenciamento maquínico, através de seus diversos componentes, extrai sua consistência ultrapassando fronteiras ontológicas, fronteiras de irreversibilidade não lineares, fronteiras ontogenéticas e filogenéticas, fronteiras de heterogênese e de autopoiese criativas.

É a noção de escala que conviria aqui ampliar, a fim de pensar as simetrias fractais em termos ontológicos. O que atravessa as máquinas fractais são escalas substanciais. Elas as atravessam, engendrando-as. Mas — é preciso admiti-lo — essas ordenadas existenciais que elas "inventam" já existiam desde sempre. Como sustentar um tal paradoxo? É que tudo se torna possível, incluindo o alisamento recessivo do tempo evocado por René Thom, desde que se admita uma escapada do Agenciamento para fora das coordenadas energético-espaço-temporais. E ainda aí cabe-nos redescobrir uma forma de ser do ser, antes, depois, aqui e em toda parte, sem ser entretanto idêntico a si mesmo; um ser processual, polifônico, singularizável, de texturas infinitamente complexificáveis, ao sabor das velocidades infinitas que animam suas composições virtuais.

A relatividade ontológica aqui preconizada é inseparável de uma relatividade enunciativa. O conhecimento de um universo — no sentido astrofísico ou no sentido axiológico — só é possível através da mediação de máquinas autopoiéticas. Convém que um foco de pertencimento a si exista em alguma parte para que qualquer ente ou qualquer modalidade de ser possa vir à existência cognitiva. Fora desse acoplamento máquina-universo, os entes só têm um puro estatuto de entidade virtual. E acontece o mesmo com as suas coordenadas enunciativas.

A biosfera e a mecanosfera, fixadas sobre este planeta, focalizam um ponto de vista de espaço, de tempo e de energia. Formam um ângulo de constituição da nossa galáxia. Fora desse ponto de vista particularizado, o resto do universo só existe — no sentido em que apreendemos aqui embaixo a existência — através da virtualidade da existência de outras máquinas autopoiéticas no seio de outras biomecanosferas salpicadas no cosmos. A relatividade dos pontos de vista de espaço, de tempo, de energia nem por isso faz com que o real se dissipe no sonho. A categoria de tempo se dissolve nas considerações cosmológicas sobre o Big Bang, ao passo que se afirma a de irreversibilidade. A objetividade residual é aquilo que resiste à varredura da infinita variabilidade dos pontos de vista constituíveis sobre ela.

Imaginemos uma entidade autopoiética cujas partículas seriam edificadas a partir das galáxias. Ou, inversamente, uma cognitividade se constituindo na escala dos *quarks*. Outro panorama, outra consistência ontológica. A mecanosfera antecipa e atualiza configurações que existem dentre uma infinidade de outras nos campos de virtualidade. As máquinas existenciais estão em pé de igualdade com o ser na sua multiplicidade intrínseca. Elas não são mediatizadas por significantes transcendentes nem subsumidas por um fundamento ontológico unívoco. São para si mesmo sua própria matéria de expressão semiótica. A existência, enquanto processo de desterritorialização, é uma operação intermaquínica específica que se superpõe à promoção de intensidades existenciais singularizadas. E, repito, não existe sintaxe generalizada dessas desterritorializações. A existência não é dialética, não é representável. Mal se consegue vivê-la!

As máquinas desejantes, que rompem com os grandes equilíbrios orgânicos interpessoais e sociais e invertem os comandos, jogam o jogo do outro contrariamente a uma política de autocentramento no eu. Por exemplo, as pulsões parciais e os investimentos perversos polimorfos da psica-

Heterogênese

nálise não constituem uma raça excepcional e desviante de máquinas.

Todos os Agenciamentos maquínicos contêm, mesmo em estado embrionário, focos enunciativos que são protomáquinas desejantes. Para delimitar esse ponto, é preciso ampliar ainda nossa ponte transmaquínica e compreender o alisamento da textura ontológica do material maquínico e os *feedbacks* diagramáticos como dimensões de intensificação que nos fazem ultrapassar as causalidades lineares da apreensão capitalística dos universos maquínicos. É preciso igualmente que saiamos das lógicas fundadas no princípio do terceiro excluído e de razão suficiente. Através desse alisamento está em jogo um ser para além, um ser-para-o-outro, que faz com que um existente tome consistência fora da sua delimitação estrita, aqui e agora.

A máquina é sempre sinônimo de um foco constitutivo de território existencial baseado em uma constelação de universos de referência incorporais. O "mecanismo" dessa revirada de ser consiste no fato de que certos segmentos discursivos da máquina se põem a jogar um jogo não mais apenas funcional ou significacional, mas assumem uma função existencializante de pura repetição intensiva, a que denominei função de ritornelo. O alisamento é como um ritornelo ontológico e assim, ao invés de apreender uma verdade unívoca do Ser através da *technè*, como queria a ontologia heideggeriana, é uma pluralidade de seres como máquinas que se dão a nós, desde que se adquiram os meios páticos e cartográficos de aceder a eles. As manifestações, não do Ser, mas de uma infinidade de componentes ontológicos, são da ordem da máquina. E isso, sem mediação semiológica, sem codificação transcendente, diretamente como "dar-a-ser", como Dando. Aceder a um tal dar já é participar dele ontologicamente de pleno direito. Esse termo "de direito" não aparece aqui por acaso, tanto é verdade que, nesse nível proto-ontológico, já é necessário afirmar uma dimensão proto-ética. O

64   Caosmose

jogo de intensidade da constelação ontológica é de alguma forma uma escolha de ser não apenas para si, mas para toda a alteridade do cosmos e para o infinito dos tempos.

Se deve haver escolha e liberdade em certas etapas antropológicas "superiores", é porque deveremos também encontrá-las nos níveis mais elementares das concatenações maquínicas. Mas as noções de elementos e de complexidade são suscetíveis aqui de se inverterem brutalmente. O mais diferenciado e o mais indiferenciado coexistem no seio de um mesmo caos que, com velocidade infinita, joga seus registros virtuais uns contra os outros e uns com os outros. O mundo maquínico-técnico, em cujo "terminal" se constitui a humanidade de hoje, é barricado por horizontes de constância e de limitação das velocidades infinitas do caos. (Velocidade da luz, horizonte cosmológico do Big Bang, distância de Planck e quantum elementar de ação da física quântica, impossibilidade de ultrapassar o zero absoluto...) Mas esse mesmo mundo de coação semiótica é duplicado, triplicado, infinitizado por outros mundos que, em certas condições, só exigem a bifurcação para fora de seu universo de virtualidade e o engendramento de novos campos de possível.

As máquinas de desejo, as máquinas de criação estética, pela mesma razão que as máquinas científicas, remanejam constantemente nossas fronteiras cósmicas. Por essa razão, elas devem tomar um lugar eminente no interior dos Agenciamentos de subjetivação, eles mesmos chamados a substituir nossas velhas máquinas sociais, incapazes de seguir a eflorescência de revoluções maquínicas que fazem explodir nosso tempo por todos os lados.

Mais do que adotar uma atitude de frieza em relação à imensa revolução maquínica que varre o planeta (com o risco de acabar com ele) ou de aferrar-se aos sistemas de valor tradicionais cuja transcendência pretender-se-á refundar, o movimento do progresso, ou se preferirmos, o movimento do processo, se esforçará para reconciliar os valores e as máquinas. Os valores são imanentes às máquinas. A vida dos Fluxos maquínicos não se manifesta somente através das retroações cibernéticas; é também correlativa a uma promoção de Universos incorporais a partir de uma encarnação Territorial enunciativa, de uma tomada de ser valorizadora.

A autopoiese maquínica se afirma como um para-si não humano através de focos de protossubjetivação parcial e desdobra um para-outrem sob a dupla modalidade de uma alteridade ecossistêmica "horizontal" (os sistemas maquínicos se posicionando como rizoma de dependência recíproca) e de uma alteridade filogenética (situando cada estase maquínica atual de encontro a uma filiação passadificada e de um *Phylum* de mutações por vir). Todos os sistemas de valor — religiosos, estéticos, científicos, ecosóficos... — se instauram nessa interface maquínica entre o atual necessário e o virtual possibilista. Os Universos de valor constituem assim os enunciadores incorporais de compleições maquínicas abstratas compossíveis às realidades discursivas. A consistência desses focos de protossubjetivação, portanto, só é assegurada na medida em que eles se encarnem, com mais ou menos intensidade, em nós de finitude, de *grasping* caósmico, que garantam, além disso, sua recarga possível de complexidade processual. Dupla enunciação, então, territorializada finita e incorporal infinita.

Entretanto, essas constelações de Universos de valor não constituem Universais. O fato de se formar em Territórios existenciais singulares lhes confere, com efeito, uma potência de heterogênese, quer dizer, de abertura para processos irreversíveis de diferenciação necessários e singularizantes. Como essa heterogênese maquínica — que diferencia cada cor de ser, que faz, por exemplo, do plano de consistência do conceito filosófico um mundo completamente diferente do plano de referência da função científica ou do plano de composição estética — chega a ser rebatida sobre a homogênese capitalística do equivaler generalizado, fazendo com que to-

66   Caosmose

dos os valores sejam equivalentes, todos os Territórios apropriativos sejam referidos segundo uma mesma escala econômica de poder, e que todas as riquezas existenciais caiam sob o jugo do valor de troca?

À oposição estéril entre valor de uso e valor de troca, convém opor uma compleição axiológica incluindo todas as modalidades maquínicas de valorização: os valores de desejo, os valores estéticos, ecológicos, econômicos... O valor capitalístico, que subsume geralmente o conjunto dessas mais-valias maquínicas, procede por um poder de coação reterritorializante, fundado no primado das semióticas econômicas e monetárias e corresponde a um tipo de implosão geral de todas as Territorialidades existenciais. De fato, o valor capitalístico não está à parte, fora dos outros sistemas de valorização; ele constitui o coração mortífero de tais sistemas, correspondendo à transposição do inefável limite entre uma desterritorialização caósmica controlada — sob a égide de práticas sociais, estéticas, analíticas — e uma oscilação vertiginosa no buraco negro do aleatório, a saber de uma referência paroxisticamente binarista, que dissolve implacavelmente qualquer tomada de consistência dos Universos de valor que pretendessem escapar à lei capitalística.

Então, apenas abusivamente é que foi possível colocar as determinações econômicas em posição *princeps* acerca das relações sociais e das produções de subjetividade. A lei econômica, assim como a lei jurídica, deve ser deduzida do conjunto dos Universos de valor, para cujo enfraquecimento ela não cessa de trabalhar. Sua reconstrução, sobre os escombros misturados das economias planificadas e do neoliberalismo e segundo novas finalidades ético-políticas (ecosofia), exige, em contrapartida, uma incansável retomada de consistência dos Agenciamentos maquínicos de valorização.

III. Metamodelização esquizoanalítica

Em um momento crítico de questionamento da psicanálise tradicional, mas também das práticas sociais tradicionais, trata-se de destacar os componentes de semiotização e de subjetivação das concepções que os fundam sobre universais, matemas, concepções infraestruturais... Já vimos que uma tal abordagem é correlativa a uma concepção ampliada do maquinismo. A máquina será doravante concebida em oposição à estrutura, sendo esta associada a um sentimento de eternidade, ao passo que a máquina implica uma relação de emergência, de finitude, de destruição e de morte que a associa a *phylum* possibilistas criadores. Das máquinas técnicas às máquinas sociais e às máquinas desejantes, uma mesma categoria de máquina abstrata autopoiética engendra as objetidades-sujeitidades de um tempo que se instaura no cruzamento de componentes engajados em processos de heterogênese.

Por detrás da diversidade dos entes, nenhum suporte ontológico unívoco é dado. O ser, por mais longe que se busque sua essência, resulta de sistemas de modelização operando tanto ao nível da alma quanto do *socius* ou do cosmos. Mas os Universos de referência que presidem a essa produção ontológica não têm fixidez, não mantêm uma relação harmônica, como as ideias platônicas. Eles se cristalizam em constelações singularizantes e em cruzamentos maquínicos que conferem à história humana suas características de irreversibilidade e de criacionismo. Para preparar assim uma passagem intensiva do domínio de virtualidades desses Universos ao domínio de atualidade dos *Phylum* maquínicos, em seguida à sua encarnação nos domínios de realidade dos fluxos e dos territórios existenciais, seremos levados a postular a existência de um caos povoado de entidades animadas com velocidade infinita, a partir do qual se constituem as composições complexas, as quais são elas mesmas suscetíveis de ter suas velocidades reduzidas em coordenadas energético-espaço-temporais ou em sistemas categoriais.

A problemática anteriormente evocada da função existencializante que poderiam assumir certos sistemas de modelização, certas cadeias discursivas (enunciados míticos, enunciados científicos, enunciados ideológicos, ritornelos, traços de rostidade) desviadas, de algum modo, de sua função significacional, denotacional e proposicional, nos leva a um reexame dos problemas do significado ou do Conteúdo, da imagem, tudo o que havia sido relativamente colocado entre parênteses na perspectiva estruturalista.

Essa função existencial que pode se encarnar segundo ritornelos muito concretos, como o fato de roer as unhas ou o ritual obsessivo de lavar as mãos, constitui uma chave existencial para conjurar a dispersão dos Universos de referência do sujeito. Um ritornelo territorializado funciona como um canto de pássaro, no domínio etológico, que concorre para a delimitação de um território. A única diferença é que o território, aqui, não é visível, não é espacializado, mas é da ordem do eu.

Existem igualmente ritornelos complexos, ritornelos problemáticos que não se encarnariam necessariamente em uma discursividade articulada no espaço e no tempo. Uma problemática religiosa como a da Trindade constitui um ritornelo complexo que pode se indexar pelo signo da cruz, mas que é também portador de toda uma concepção da subjetividade, de toda uma triangulação personológica. Do mesmo modo, os conceitos e os fantasmas relativos à luta de classes funcionaram ao mesmo tempo em um campo de significações ideológicas e a título de constelação de Universos de referência e de Territórios existenciais.

Temos então que lidar não somente com a discursividade fonológica, gestual, espacial, musical etc., que dá um suporte à constituição de um Território existencial, mas somos igualmente confrontados com consistências de conteúdo não

Heterogênese   69

discursivas, as quais são referidas a essas mesmas semiologias discursivas.

A perspectiva estruturalista sempre teve tendência a rebater os conteúdos dos elementos significativos sobre os elementos estruturais, quer dizer, sobre cadeias de discursividade. O que proponho aqui é um afastamento dessas coordenadas de discursividade a fim de tirar todas as consequências dos modos de apreensão páticos não discursivos que puderam ser demarcados pelos psicólogos da forma, pelos fenomenólogos do afeto, pelos psicanalistas da imagem...

A problemática que se acha então levantada é a de uma mudança de tipo de relação lógica. O ritornelo existencial desencadeia um efeito não discursivo, uma apreensão ontológica que não depende mais de uma lógica onde os conjuntos são qualificados de modo unívoco. A entidade intensiva é multívoca, diferentemente dos conjuntos discursivos coletados, de modo que se possa sempre saber, sem ambiguidade, se um de seus elementos bem-determinados faz parte dela ou não. Existe, ao contrário, um tipo de "transversalismo" da intensidade, caracterizado por sua afirmação em diferentes escalas e um "autopoietismo" que fazem com que a entidade maquínica escape à lógica em que os conjuntos discursivos permanecem sempre enquadrados em coordenadas transcendentes.

Voltemos ao tratamento da discursividade na concepção lacaniana do Significante. O Significante lacaniano não é assimilado pura e simplesmente à linearidade significante de tipo saussuriana. Mas, quanto a isso, Lacan mantém fundamentalmente uma leitura onde um topos remete a um outro topos, a uma alteridade de topos. Perde-se então esse caráter de passagem transversalista entre os topos, de aglomeração entre os topos, que caracteriza a entidade intensiva. O exemplo mais simples que nos vem à mente é relativo à releitura por Lacan da relação fort-da, do jogo infantil estudado por Freud. O fort-da é articulado como matriz de uma relação simbólica S1/S2, entre dois significantes.[20] Ora, o que importa, em uma outra perspectiva imanentista, é não considerar o início e o fim desse vetor, mas tomá-lo pelo meio, como função de repetição, de insistência ontológica.[21] A ênfase se transfere então de uma relação de discursividade, que implica uma espacialização linear, o desdobramento de uma temporalização "enquadrada", em direção a uma intensificação existencial, a afirmação da passagem de um tempo a um outro, de um topos a um outro. A atividade de coleta ontológica é distinta dos objetos coletados, a subjetividade coletante é, ao menos em aparência, expulsa da discursividade cognitiva. De fato, esta permanece onipresente. Ela não cessa de ejetar traços de intensidade, de multivalência e de singularidade. Ela é garante do fechamento do Agenciamento sobre ele mesmo no seio de um campo de subjetividade capitalística, subjetividade da equivalência generalizada e do desdobramento de coordenadas extrínsecas. (Oponho aqui a ideia de coordenada discursiva à de ordenada intensiva.)

Com a lógica das intensidades, não existe mais posição transcendente da instância enunciativa nem fechamento de conjunto de coleção de objetos, mas aglomeração, fusão de entidades intensivas, dispostas em traço de intensidade. E isso à medida que se desdobra o processo enunciativo.

O esfacelamento da relação oposicional entre o Conteúdo e a Expressão corresponde, então, a uma reabilitação do Conteúdo em relação às figuras de Expressão binaristas de tipo fonológico. Os Universos de referência e os Territórios existenciais se enunciam sem mediação. Na lógica dos con-

---

[20] Cf. Sigmund Freud, *Além do princípio do prazer*, e Jacques Lacan, *Écrits*, Paris, Seuil, 1966, pp. 276 e 319.

[21] Mikkel Borch-Jacobsen, em *Lacan, le maître absolu* (Paris, Flammarion, 1990), mostra bem o caráter de espacialidade cristalizada, de visibilidade exterior ao olho, de espaçamento do "diante de si", na maneira pela qual Lacan descreve a subjetividade (pp. 61-93).

Heterogênese

juntos, havia distinção entre a mediação por uma substância de Expressão e uma substância de Conteúdo. O linguista que mais aprofundou o questionamento dessa oposição Significante/Significado foi Hjelmslev, ao formular o paradoxo de uma reversibilidade entre a forma de Expressão e a forma de Conteúdo. O que proponho aqui não é mais uma simples reversibilidade de forma como a de Hjelmslev, mas proponho ir além, considerando que as substâncias de Expressão e as substâncias de Conteúdo entram em relações de aglomeração, em um tipo de concatenação que é bem diferente do que o da dupla articulação, definida por Martinet e retomada por diversos linguistas. Poder-se-ia então falar de uma múltipla aglomeração, de um agenciamento heterogêneo, sendo o termo articulação questionado através do termo interface maquínica.

Aglomeração de componentes heterogêneos de Expressão e de Conteúdo: o que atravessa os diferentes componentes semióticos não é mais uma articulação formal, mas máquinas abstratas que se manifestam ontologicamente em registros heterogêneos e não discursivos. A questão que é colocada através dessa concepção polifônica dos componentes, tanto de Expressão quanto de Conteúdo, ou dos ritornelos de Expressão e dos ritornelos complexos de Conteúdo, é que na verdade eles não estão todos no mesmo grau de "tomada pragmática" no registro dos sistemas de valor. Por exemplo, na semiótica assignificante, são figuras de Expressão que se concatenam diretamente com o referente, e "tomam o poder" sobre o conjunto dos outros componentes semióticos; ao passo que, na semiologia linguística, são, ao contrário, redundâncias de conteúdo que vão reenquadrar o conjunto dos componentes de expressão, quer sejam fonológicos, gestuais, prosódicos... Há então um tipo de hierarquia interna, ou antes de tensão valorizante, entre os componentes. Será importante, para uma pragmática esquizoanalítica, determinar que tipo de componente se afirma sobre os outros. que tipo de componente, por exemplo, no Agenciamento capitalístico, domina de modo hegemônico. Por que, por exemplo, uma máquina semiótica de Capital se imporá aos outros componentes de Expressão — arquiteturais, urbanísticos, demográficos, artísticos, pedagógicos, etc. Ou por que, na histeria, um componente semântico como o da corporeidade expropria os outros componentes, por que haverá "somatização". Essa tomada de poder de um componente não é irreversível; remanejamentos podem ser operados; assiste-se sem cessar ao questionamento do componente dominante, que polariza o conjunto dos componentes semióticos em sua constelação ontológica. Durante o sono, é um certo tipo de componente "narcísico" que domina: um tipo de autismo psicológico invade a psique e faz passar ao segundo plano os componentes perceptivos para recalcar qualquer intrusão que pudesse ameaçar o sono. Ao dirigir um carro, é uma certa submissão maquínica que passa ao primeiro plano.

O interesse dessa abordagem multicomponencial dos Agenciamentos de semiotização reside no fato de permitir sua abertura para as diferentes configurações pragmáticas potenciais e de impedir que se prenda sobre essas o mesmo sistema interpretativo, o mesmo invariante de figuras de Expressão — o que consequentemente torna totalmente obscura e misteriosa a articulação entre o Conteúdo e a Expressão.

Chega-se assim a substituir os sistemas semiológicos e semióticos do estruturalismo por uma "maquínica" que engloba as problemáticas não apenas da Expressão e do Conteúdo, mas também as das estruturas sociais, estéticas, científicas etc... Para além desses aspectos de discursividade maquínica, convém igualmente evocar o outro funtor da enunciação que os Universos de referência constituem. Eles se organizam em constelações singulares, cristalizando um acontecimento, uma hecceidade, que será o suporte ontológico da discursividade maquínica.

Um Universo de referência é um enunciador que pode ser descrito como uma potência divina, como uma ideia platôni-

Heterogênese 73

ca, pelo fato de pôr em jogo um sistema de valorização. Com ele há polarização da subjetividade, polarização maquínica, cristalização de uma opção pragmática. A textura de um tal Universo de subjetivação é hipercomplexa, já que pode categorizar componentes ontológicos como os das matemáticas, das artes plásticas, da música, das problemáticas políticas... Entretanto esses Universos não são discursivos neles mesmos. Instauram-se na raiz enunciativa da discursividade. O conceito de afeto ou o de relação pática indica a possibilidade de apreender globalmente uma situação relacional complexa, tal como a melancolia, ou a relação com a subjetividade esquizofrênica. Mas temos a tendência de pensar que esse modo de conhecimento por afeto não discursivo permanece rude, primitivo, espontaneísta. Essa abordagem não discursiva é igualmente a da hipercomplexidade, tal como é estudada atualmente em diversos domínios científicos. Ela implica que exista uma via de passagem entre a complexidade real e a complexidade virtual e transferências de consistência ontológica entre o virtual e o real, entre o possível e o atual.

Seria necessário repensar aqui uma certa teorização do caos. Na concepção freudiana do *id*, há a ideia de uma relação entrópica da libido com o caos e de uma ameaça, de uma dissociação generalizada, desde que se saia das configurações cristalizadas em torno do eu e das significações bem-constituídas. Em nossa perspectiva seríamos levados a fazer incidir sobre configurações elementares uma hipercomplexidade catalítica, de um ponto de vista existencial e ontológico. O caos, ao invés de ser um fator de dissolução absoluta da complexidade, torna-se o portador virtual de uma complexificação infinita.

Se vocês considerarem o sistema caótico, tal como resulta da análise dos resultados de uma triagem aleatória do jogo dos dados, verão surgir configurações complexas as mais diversas: vocês têm sempre a possibilidade de ver aparecer as figuras as mais raras. A raridade informacional habita então o caos, do mesmo modo que a desordem. Para reunir essa complexidade virtual e essa ameaça caótica entrópica de dissolução da diferenciação e de perda da heterogênese ontológica, partimos da ideia de que o caos é essencialmente dinâmico, de que é composto de entidades animadas com velocidade infinita, que ora as precipita em um estado de dispersão absoluta, ora reconstitui, a partir delas, composições hipercomplexas. Assim o hipercomplexo pode coincidir, já que animado por velocidade infinita, com o hipercaótico.

Essa concepção do caos me permite caracterizar o funtor ontológico que qualifico de Universo incorporal, ao mesmo tempo o hipersimples — ritornelo alijado de qualquer relação com uma referência — e o hipercomplexo, desenvolvendo-se no seio de campos de virtualidade infinitos. Esse tipo de paradoxo conduz ao fato de que, pela escolha ao acaso das letras do alfabeto, pudéssemos compor uma poesia de Mallarmé. Existe uma potencialidade, durante uma tal escolha, do surgimento da maior complexidade informacional.

Essa velocidade infinita do caos é reencontrada na velocidade que anima a economia do conceito que dá sua dimensão de imanência às proposições filosóficas. Já as científicas, ao formular funções, marcam, ao contrário, um limite, uma barragem a essa velocidade infinita. É o que se manifestará sob forma de constantes que fixam fronteiras limites, interditam passagens ao infinito no domínio da física (como o horizonte cosmológico, a distância de Planck, o zero absoluto, a velocidade da luz etc.). Ao nível do percepto e do afeto estéticos existe um tipo de duplicação das velocidades infinitas, uma mimese, uma simulação, que reencena e reinterpreta, sem cessar, as potencialidades criativas do caos.

* * *

A cisão metodológica entre o que se poderia chamar uma esquizoanálise e as práticas analíticas tradicionais resi-

Heterogênese   75

de essencialmente no fato de que a perspectiva esquizoanalítica rompe com os paradigmas científicos, para fazer passar todas as produções de subjetividade sob a égide de paradigmas ético-pragmáticos, ético-estéticos. A metamodelização esquizoanalítica não pretende substituir as modelizações existentes, quer sejam psicanalíticas, sistêmicas, religiosas, políticas, neuróticas etc., das quais ela tenta propor uma leitura "integral". Ela só pede uma coisa: qualquer que seja a pragmática considerada, como vocês abordariam a questão da enunciação? Sob a égide desses dois funtores, Universos de referência incorporais e Territórios existenciais? O que vocês fazem com os Universos de valores e a problemática da produção de alteridade? E o que fazem, em seu registro de modelização, com a singularidade, com a finitude? Será que vocês têm um comportamento de evitamento sistemático, como é o caso da subjetividade capitalística e sua teoria de referência, que é o behaviorismo? Será que abordam a problemática dos Universos de referência através de narrativas mass-mediatizadas, como as que encontramos na televisão? Vocês tratam a questão de modo mítico, para dar um fundamento narrativo à ritualização existencial de uma "cura", quer ela seja de candomblé ou bem de tipo psicanalítico?

Não há primado de um sistema de modelização sobre os outros. Não há uma modelização científica que seria, por exemplo, a da psicologia ou da psicanálise, face a uma modelização neurótica ou a uma modelização microssocial contingente. Todas as modelizações, potencialmente, se equivalem, a não ser pelo fato de que suas relações de agregação, de aglomeração — evito propositalmente o termo de interação — traçam um certo vetor, uma certa escolha micropolítica, uma certa polarização de valores. Pode ser que, por exemplo, a polarização da pragmática analítica, longe de ser controlada pelo analista, dependa do analisando. Notou-se frequentemente que o analista, em sua poltrona, estava de pés e mãos atados à "teleguiagem" do analisando, de modo que, se o analista mantém o silêncio na maior parte do tempo, é porque ele não tem acesso à fala.

Como se articulam tais sistemas de modelização? O que faz com que a subjetividade de uma criança seja constituída no cruzamento de n sistemas de modelização? Tudo isso é visto muito bem na teoria polifônica do *self* de Daniel Stern. Há co-ocorrência entre o desenvolvimento subjetivo do lactante e o comportamento de sua mãe. Em seguida a criança passa de um sistema de modelização a um outro: o de sua família, o de seus fantasmas próprios, o das narrativas televisivas, o dos desenhos animados, da escola, com os grupos sociais no seio dos quais ele é inserido... Não há coerência explicativa fundada sobre universais estruturais, mas desenvolvimento daquilo que Pierre Lévy denomina um hipertexto.[22] É a interface maquínica que opera a aglomeração ontológica de diferentes ritornelos existenciais. E é a dimensão de transversalidade desenvolvida por esses ritornelos, essas máquinas abstratas, singularizando uma certa Constelação de Universos e pondo em jogo certos *Phylum* maquínicos.

Nessas condições, a que se reduz a práxis analítica? Trata-se essencialmente de um trabalho de discernibilização e de intensificação dos componentes de subjetivação, de um trabalho de heterogênese. E, ao mesmo tempo, de singularização, de passagem ao ser e, consequentemente, de necessitação e de irreversibilização; trata-se então, simetricamente, de homogênese territorial. Esse trabalho não é situado sob a égide de um corpus científico, mas sob a de catalisadores existenciais iguais em direito.

O exemplo *princeps* desse tipo de catalisador, que estudei em meu livro *O inconsciente maquínico*, encontra-se em Proust. Pode-se mostrar que toda a discursividade proustiana se tece a partir de alguns ritornelos complexos que a condu-

---

[22] Pierre Lévy, *Les Technologies de l'intelligence*, op. cit.

Heterogênese

zem ao desenvolvimento de Universos de referência heterogêneos. Esses momentos fecundos põem-se a vibrar e a invadir o conjunto do campo da subjetividade com a experiência da madalena, com a visão dos sinos que dançam uns em relação aos outros, a pequena frase de Vinteuil, o piso desnivelado do pátio de Guermantes, sobre o qual ele coloca os pés e que desencadeia uma deriva sobre Veneza, sobre o passado etc. Proust logo percebe que há necessidade de um corte, de uma parada, de uma mudança de referências temporais: pede às pessoas que o acompanham que o deixem só, a fim de que chegue a captar o que acontece nesse momento privilegiado. Mas não se trata de um acontecimento de ordem cognitiva e sim de um fenômeno de intensidade existencial.

Seria também o que faz o trabalho do sonho, em uma perspectiva pós-freudiana? Não se trata mais de partir à procura de chaves interpretativas entre um conteúdo manifesto e um conteúdo latente, mas de transformar sua matéria de expressão, de lhe dar uma intensificação ontológica, simplesmente pelas passagens sucessivas: 1) do sonho no ato de ser vivido; 2) do sonho ao despertar com seu caráter de uma reviravolta semiótica, que faz com que se perca 99% disso, mas cujo centésimo salvo assume uma função fractal em relação aos 99% perdidos; 3) o sonho contado a um terceiro ou escrito; 4) o sonho contado durante uma sessão analítica etc...

É toda essa atividade de reterritorialização, de recomposição de territórios existenciais específicos, de entrada em matérias de expressão heterogêneas, que constitui o "trabalho" do sonho e que faz com que ele possa desembocar em uma obra literária, em uma dimensão axiológica, um processo criativo. "Desde que tive um certo sonho, minha vida deu uma reviravolta..." O trabalho da análise consiste em mudar as coordenadas enunciativas e não em dar chaves explicativas. Trata-se não apenas de elucidar, de discernibilizar componentes já existentes, mas também de produzir componentes que ainda não estejam presentes, e que se tornarão "sem-

78   Caosmose

pre já presentes do momento em que são engendrados", em razão mesmo da lógica dessas multiplicidades, cuja trama molecular funciona com uma velocidade infinita aquém do espaço, do tempo e das ordenadas ontológicas.

Examinemos sumariamente um outro exemplo de situação neurótica que implica uma renúncia à "neutralidade" terapêutica e demanda a mobilização de um novo Universo de referência enunciativo. Trata-se de uma cantora que eu acompanhava em psicoterapia e que, com a morte da mãe, perde bruscamente a parte alta da tessitura de sua voz, o que a condena a uma parada brutal do exercício de sua profissão. Estamos diante de um acontecimento complexo que, evidentemente, repercute em uma dimensão semiótica totalmente heterogênea em relação à da performance vocal.

Como conceber essa passagem? Defini-la-emos em termos de mecanismo de autopunição ou relacionaremos o fenômeno a um Édipo invertido em direção à mãe? De fato, é o Agenciamento de enunciação, comportando um componente autopoiético na relação com a mãe, que implode e que, através do trabalho de luto e de recomposição enunciativo, arrebata em seu rastro a perda de consistência de outros componentes enunciativos: o componente visível, relativo à extensão da tessitura, e outros menos aparentes de ordem tímica, que farão com que a paciente entre em um regime larvado de depressão. Mas trata-se de uma fase depressiva, de tipo kleiniano, preludiando uma recomposição do eu? Isso não é absolutamente evidente, pois esse falecimento da mãe esse corte — quiçá provisório — com a profissão de cantora abram talvez, para a paciente, toda uma gama de possíveis que lhe eram até então interditos.

Com efeito, essa mulher, em seguida a esses acontecimentos, encetará uma série de novas atividades, fará novos contatos, estabelecerá uma nova relação afetiva, após remanejar radicalmente sua constelação de Universos. Houve então, em seguida à perda de consistência de um Agenciamen-

Heterogênese 79

to existencial, abertura de novos campos de possível. Esse gênero de remanejamento é acompanhado por um tipo de vertigem: vertigem da possibilidade de um outro mundo, vertigem comparável ao estado que acompanha o fato de se debruçar na janela, vertigem da morte como tentação da Alteridade absoluta, mas também vertigem da anorexia. É sempre a mesma questão: se colocar na tangente da finitude, brincar com o ponto limite. Kafka trabalhou com esse tipo de vertigem da abolição, relacionando a noite aos verdadeiros estados de transe ligados à fome, ao frio e à fadiga.

Mais do que postular uma Alteridade absoluta, referência simbólica transcendental ou uma pulsão de morte diante de Eros, partiremos aqui da ideia de que há tantas pulsões de alteridade e, consecutivamente, pulsões de morte, quantos forem os componentes heterogêneos de subjetivação. Assim o Território existencial que Kafka cria para si inscreve-se nas texturas ontológicas heterogêneas que constitui: o casamento impossível com Felice (*O processo*), a literatura impossível, o sionismo impossível etc. Quando a vertigem de abolição aglomera em si o conjunto dos sistemas de abolição dos outros Territórios existenciais, é a criação de um mundo através do fim do mundo. Uma tal mutação engaja igualmente componentes biológicos, já que se pode pensar que a anorexia, a fome, a dor, o sadomasoquismo estão associados a fenômenos de drogas de autoadicção por intermédio do sistema das endorfinas cerebrais.

Como conceber um dispositivo esquizoanalítico de metamodelização que permitiria passar de um tipo de modelização a um outro? Volta-se sempre ao mesmo ponto, é o surgimento de singularidades, o afastamento de certos componentes semióticos e de certos segmentos maquínicos que gera o surgimento de um acontecimento catalítico. Uma pessoa que, há semanas, me repetia sempre as mesmas coisas, executa algo na cena da análise que transforma todas as suas coordenadas, suas referências, e engendra novas linhas de possível.

Poderíamos evocar outros exemplos no sentido da terapia institucional. Um dispositivo analítico poderá se encarnar em um subconjunto institucional tal como a cozinha, em La Borde, ou a lavanderia ou um "ateliê". Essas entidades adquirem então uma consistência autopoiética particular. A cozinha, que pode ser um lugar estereotipado vazio onde cada um representa seu pequeno ritornelo vazio, pode desencadear uma certa aglomeração pulsional oral, entrando em ressonância com sistemas de troca, de relações econômicas, de prestações de prestígio... O trabalho esquizoanalítico consistirá em discernibilizar os componentes postos em jogo e os Universos de referência correspondentes. A emergência enunciativa da cozinha poderá ser importante, mas não será jamais dada em si como instância analítica. É apenas o conjunto dos focos autopoiéticos, considerados como uma rede, que poderá exercer uma tal função de "analisador". Não há portanto um sujeito analítico localizado, unívoco. O psicanalista sentado em sua poltrona ou a instituição que se pretenderá analítica — porque, a cada semana, o psiquiatra, o psicólogo, o assistente social e três educadores se reúnem —, ou o subconjunto do qual eu falava, do tipo cozinha, lavanderia, só podem ser elementos de enunciação parcial, individual, coletiva, institucional e concorrendo para que haja mutação dos processos de semiotização e fatores de mutação autopoiética. Um acontecimento surge onde nada se produzia, onde se estagnava na pura redundância. Surgimento não de uma singularidade, mas de um processo de singularização, com suas aberturas pragmáticas, suas virtualidades, seus Universos de referência ontológicos.

Descentramento então de uma análise baseada no indivíduo para processos não humanos que qualifico de maquínicos e que são mais humanos do que o humano, sobre-humanos em um sentido nietzschiano.

Esses processos de singularização são tanto objetivos quanto subjetivos. Mas, ao invés de coordenadas objetivas, falaremos de ordenadas objetais. Separamo-nos aqui do ideal "capitalístico" das coordenadas objetivas homogêneas, que são as do espaço, do tempo, das trocas energéticas. Existem tantos sistemas energéticos, tantos modos de temporalização e de espacialização, quantos sistemas autopoiéticos, que afirmam suas próprias ordenadas, ao mesmo tempo em que posicionam sua própria existência.

O peso da subjetividade capitalística, qualificada de edipiana em razão da redução das ordenadas heterogêneas que ela opera, não pode ser subestimado. A descoberta, por Freud, dos complexos de Édipo e de castração foi e permanece sendo genial. Mas essas descobertas devem ser reenquadradas em outros eixos de referência. Elas estão na base da subjetividade capitalística, quer dizer, de uma subjetividade que assimila a apreensão da morte, a vertigem da finitude, o mais intensamente possível, mais do que os sistemas que se propuseram como alternativos, particularmente o socialismo burocrático ou, atualmente, o ideal de um retorno aos valores tradicionais (retorno fascistizante à terra, à raça etc.). O sistema capitalístico e a subjetividade do equivaler generalizado se sustentam na tangente da morte e da finitude para, no último momento, reterritorializar o sistema, refundá-lo sobre identidades personológicas, em uma dinâmica edipiana, uma hierarquização e uma alienação da alteridade que podem ser levadas até a paranoia, mas que geralmente mergulham em um morno infantilismo.

Essa potência de abolição de subjetividade capitalística pode conduzir, no horizonte histórico atual, ao desaparecimento da humanidade, devido à sua incapacidade de enfrentar as questões ecológicas, as reconversões impostas pelo impasse no qual se engajou a sociedade produtivista, o avanço demográfico etc... Essa pulsão de morte só pode ser combatida por agenciamentos enunciativos capazes de assumir a morte e a finitude muito além de uma subjetividade capitalística cada vez mais débil, desde que a mídia começou a exercer uma hegemonia sobre ela. A entrada em uma era pós-mídia implica uma reapropriação da finitude em outras bases que não a da serialização e da redundância.

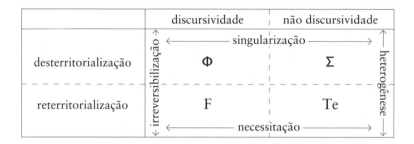

O eixo ontológico aqui proposto no domínio da discursividade entre os Fluxos (F) e os *Phylum* (Φ) corresponde à compreensão do mundo fenomenológico sensível, habitado por máquinas complexas, concernentes a *Phylum* em mutação permanente. No domínio não discursivo, as outras duas categorias, de Território existencial e de Universo de referência, correspondem a dois modos enunciativos dilacerados entre a finitude absoluta, o retorno a um estado caótico de não diferenciação (Te) e uma complexidade absoluta trazida por Universos incorporais singularizados. Entre esses quatro funtores se instauram não imperativos categóricos de tipo kantiano, mas comandos ontológicos, processuais, micropolíticos. Entre o eixo dos Fluxos e dos Territórios existenciais, uma categoria de *necessitação*, ou de tomada de contingência, de finitude, se encarna nas coordenadas de espaço, de tempo e de diferentes matérias de expressão. Finitude existencial que não apenas aceita a morte e a vida em seu caráter de subjugação, mas que não cessa de intensificá-la, que faz da morte uma potência ativa, ao invés de uma maldição. O perigo de morte que pesa sobre a biosfera poderia então se transformar em uma questão maquínica fascinante, extraordinária. Ao invés de se abandonar ao horizonte de morte capitalístico, uma política de produção de vida é possível, não para repeti-la tal como ela era há cem ou dois mil anos, mas para produzir formas mutantes segundo ordenadas atualmente imprevisíveis.

Segundo eixo ético-político entre os *Phylum* maquínicos e os Universos de referência. Trata-se de um eixo paralelo ao precedente, é o da *singularização*. Os processos criadores, sempre recomeçados, não se referem jamais à repetição vazia. A instância ontológica é sempre enriquecimento de virtualidade. Isso pode ser bem percebido na música repetitiva, cuja repetição não é vazia, mas engendra uma singularização, uma proliferação subjetiva propriamente "inaudita"; ao passo que a música tradicional, por exemplo a romântica, pode ter uma tendência para rebater a subjetividade sobre o "já visto", o "já sentido", o que também não deixa de ter uma certa sedução. Essa singularização implica a entrada de componentes heterogêneos, o surgimento de pontos de bifurcação, esses tipos de singularidade que fazem com que, de um só golpe, um microacontecimento abra novos campos de possível.

Terceiro eixo, entre os Fluxos e os *Phylum*, o da *irreversibilização*. O primeiro eixo de necessitação entre os Fluxos e os Territórios se relacionaria a sistemas sofisticados de causas materiais. (No eixo dos *Phylum* e dos Universos, a singularização operaria no plano das causas finais, ao passo que o presente sistema de irreversibilização seria mais da ordem das causas formais.) O que aqui está em causa é a ideia mesma de *Phylum*, de processo, a ideia de que há um antes, um depois, uma história natural, uma história humana, que estão articuladas no ponto de junção do antes e do depois, na raiz da repetição, da insistência existencial.

Enfim, a categoria de heterogênese deveria ser relacionada à de causa-eficiente; ela corresponde à constituição de Universos de referência. É uma dimensão de produção ontológica que implica que se abandone a ideia de que existiria um Ser subsumindo as diferentes categorias heterogêneas de entes. O próprio ser não é passivamente dado, do Big Bang original até a explosão final de nossa constelação de um Universo cósmico, passando por nossa própria explosão de Universos axiológicos, relativos à vida, à morte, aos processos criadores. Não existe uma substância ontológica única se perfilando com suas significações "sempre já presentes", enquistadas nas raízes etimológicas, em particular de origem grega, que polarizam e fascinam as análises poético-ontológicas de Heidegger. Para além da criação semiológica de sentido, se coloca a questão da criação de textura ontológica heterogênea. Produzir uma nova música, um novo tipo de amor, uma relação inédita com o social, com a animalidade: é gerar uma nova composição ontológica correlativa a uma nova tomada de conhecimento sem mediação, através de uma aglomeração pática de subjetividade, ela mesma mutante.

ANEXO: O AGENCIAMENTO DOS
QUATRO FUNTORES ONTOLÓGICOS

	Expressão atual (discursivo)	*Conteúdo* focos enunciativos virtuais (não discursivos)
possível	Φ discursividade maquínica	U complexidade incorporal
real	F discursividade energético-espaço-temporal	T encarnação caósmica

Os funtores F, Φ, T, U têm como tarefa conferir um estatuto conceitual diagramático (cartografia pragmática) aos focos enunciativos virtuais colados à Expressão manifesta. Sua concatenação matricial deve preservar, tanto quanto possível, sua heterogeneidade radical, a qual só pode ser pressentida através de uma abordagem fenomenológica discursiva.

Heterogênese

São aqui qualificados de metamodelizantes para marcar que têm como finalidade essencial dar conta da maneira pela qual os diversos sistemas de metamodelização existentes (religiosos, metafísicos, científicos, psicanalíticos, animistas, neuróticos...) abordam a problemática da enunciação sui-referencial, contornando-a sempre mais ou menos. A esquizoanálise não optará, então, por uma modelização com a exclusão de uma outra. Tentará discernibilizar, no interior de diversas cartografias em ato em uma situação dada, focos de autopoiese virtual, para atualizá-los, transversalizando-os, conferindo-lhes um diagramatismo operatório (por exemplo, por uma mudança de matéria de Expressão), tornando-os operatórios no interior de Agenciamentos modificados, mais abertos, mais processuais, mais desterritorializados. A esquizoanálise, mais do que ir no sentido de modelizações reducionistas que simplificam o complexo, trabalhará para sua complexificação, para seu enriquecimento processual, para a tomada de consistência de suas linhas virtuais de bifurcação e de diferenciação, em suma para sua heterogeneidade ontológica.

A localização de focos de vida parciais, do que pode dar uma consistência enunciativa às multiplicidades fenomênicas, não depende de uma pura descrição objetiva. O conhecimento de uma mônada de ser-no-mundo, de uma esfera de para-si, implica uma apreensão pática que escapa às coordenadas energético-espaço-temporais. O conhecimento é aqui, antes de mais nada, transferência existencial, transitismo não discursivo. Colocar em enunciado essa transferência passa sempre pelo desvio de uma narrativa que não tem como função primeira engendrar uma explicação racional, mas promover ritornelos complexos, suportes de uma persistência memorial intensiva. É apenas através das narrativas míticas, religiosas, fantasmáticas etc., que a função existencial acede ao discurso. Mas o próprio discurso, aqui, não é um simples epifenômeno, ele é objeto de estratégias ético-políticas de evitação da enunciação. Os quatro funtores ontológicos, tais como anteparos de proteção, sinalizadores de advertência, têm por missão visibilizar os objetos dessas estratégias.

Por exemplo, os Universos incorporais da Antiguidade clássica, associados a um compromisso politeísta relativo a uma infinidade de Territorialidades clássicas e éticas, sofreram um remanejamento radical com a revolução trinitária do cristianismo, indexada no ritornelo do signo da Cruz, que recentrará não somente o conjunto dos Territórios existenciais sociais, mas também todos os Agenciamentos corporais, mentais, familiares, sob o único Território existencial da encarnação e da crucificação crística. Esse golpe de força inédito de assujeitamento subjetivo ultrapassa evidentemente o quadro teológico! A nova subjetividade da culpabilidade, da contrição, da marcação do corpo e da sexualidade, da mediação redentora, é também uma peça essencial dos novos dispositivos sociais, das novas máquinas de sujeição que deveriam ser buscadas através dos destroços do Baixo-Império e das reterritorializações de ordens feudais e urbanas por vir.

Mais próxima de nós, a narrativa mítico-conceitual do freudismo também operou um remanejamento dos quatro quadrantes ontológicos. Toda uma maquinaria dinâmica e tópica do recalque rege aí a economia dos Fluxos de libido, ao passo que uma zona de focos enunciativos, que a abordagem clínica havia evitado, de ordem onírica, sexual, neurótica, infantil, relativa ao lapso, ao chiste, invade a parte direita de nosso quadro. O Inconsciente promovido como Universo da não contradição, da heterogênese dos contrários, envolve os Territórios manifestos do sintoma, cuja vocação para a autonomização, para a repetição autopoiética, pática e patogênica, ameaça a unidade do eu, a qual se revelará, ao longo da história da clínica analítica, cada vez mais precária, até mesmo fractalizada.

A cartografia freudiana não é apenas descritiva; é inseparável da pragmática da transferência e da interpretação, que convém, em minha opinião, destacar de uma perspectiva significacional e entender como conversão dos meios expressivos e como mutação das texturas ontológicas destacando novas linhas de possível e, isso, pelo simples fato da instalação de novos Agenciamentos de escuta e de modelização. O sonho, objeto de um interesse renovado, contado como uma narrativa encerrando chaves inconscientes, que passou pelo crivo da associação livre, sofre uma profunda mutação. Assim como após a revolução da Ars Nova, na Itália do século XIV, não se entenderá mais a música do mesmo modo no meio cultural europeu, o sonho e a atividade onírica mudarão intrinsecamente de natureza no seio de seu novo Agenciamento referencial. E, paralelamente, uma infinidade de ritornelos psicopatológicos não serão mais vividos, e consequentemente modelizados, da mesma maneira. O doente obsessivo que lava as mãos cem vezes por dia exacerba sua angústia solitária em um contexto de Universo de referência profundamente modificado.

A modelização freudiana marcou incontestavelmente um enriquecimento da produção de subjetividade, uma ampliação de suas constelações referenciais, uma nova abertura pragmática com a invenção do dispositivo da cura analítica. Mas ela rapidamente encontrou seus limites com suas concepções familialista e universalizante, com sua prática estereotipada da interpretação, com sua dificuldade para ampliar seu campo de intervenção para além da semiologia linguística. Enquanto a psicanálise conceitualiza a psicose através de sua visão da neurose, a esquizoanálise aborda todas as modalidades de subjetivação à luz do modo de ser no mundo da psicose. Com efeito, em nenhum outro lugar é desnudada, a esse ponto, a modelização ordinária da cotidianidade (os "axiomas de cotidianidade"), que obstruem as raízes da função existencial assignificante, grau zero de qualquer modelização possível.

Com a neurose, a matéria sintomática continua a banhar no entorno de significações dominantes, ao passo que, em contrapartida, com a psicose, é o mundo do *Dasein* estandartizado que perde sua consistência. A alteridade, enquanto tal, torna-se então a questão primeira. Por exemplo, o que se encontra fragilizado, fendido, esquizado, no delírio e na alucinação, antes do estatuto do mundo objetivo, é o ponto de vista do outro em mim, o corpo reconhecido em articulação com o corpo vivido e com o corpo ressentido, são as coordenadas de alteridade normalizadas que dão à evidência sensível seu fundamento.

A psicose não é um objeto estrutural mas um conceito; não é uma essência inamovível mas uma maquinação, sempre recomeçada, a cada encontro com aquele que se tornará, *a posteriori*, o psicótico. O conceito não é, então, aqui uma entidade fechada sobre si mesma, mas a encarnação maquínica abstrata da alteridade em seu ponto extremo de precariedade, a marca indelével que tudo, nesse mundo, pode sempre disjuntar.

O Inconsciente tem tudo a ver com o conceito: ele também é uma construção incorporal que se apropria da subjetividade em seu ponto de emergência. Mas é um conceito que corre o risco o tempo todo de engrossar, que deve ser constantemente livrado das escórias culturais que ameaçam reterritorializar a subjetividade. Ele pede para ser reativado, recarregado maquinicamente, em razão da virulência dos acontecimentos que colocam em atuação a subjetividade. A fratura esquizo é a via principal de acesso à fractalidade emergente do Inconsciente. O que se pode denominar a redução esquizo ultrapassa todas as reduções eidéticas da fenomenologia, porque leva ao encontro de ritornelos assignificantes que produzem, novamente, narrativa, que refundem no artifício uma narratividade e uma alteridade existenciais, ainda que delirantes.

Salientemos, de passagem, uma curiosa contradança entre a psicanálise e a fenomenologia: enquanto a primeira não alcançou, no essencial, a alteridade psicótica (particularmente

Heterogênese

devido a suas concepções reificantes em matéria de identificação e devido à sua incapacidade de pensar os devires intensivos), a segunda, embora tendo produzido as melhores descrições da psicose, não soube revelar através dela o papel fundador da modelização narrativa, suporte da incontornável função existencial do ritornelo — fantasmática, mítica, romanesca... Encontra-se aí o móvel do paradoxo de Tertuliano: por que é impossível que o filho esteja morto, sepultado e ressuscitado, é que esses fatos devem ser tidos como certos. É porque, em vários aspectos, a teoria freudiana é mítica, que ela pode desencadear ritornelos de subjetivação mutante.

A lógica tradicional dos conjuntos qualificados de maneira unívoca, de tal modo que se possa sempre saber sem ambiguidade se um de seus elementos lhes pertence ou não, a metamodelização esquizoanalítica substitui uma ontológica, uma maquínica da existência cujo objeto não é circunscrito ao interior de coordenadas extrínsecas e fixas, que supera a si mesmo, que pode proliferar ou se abolir com os Universos de alteridade que lhes são compossíveis...*

---

* Trabalho apresentado em seminário organizado pelo Colégio Internacional de Estudos Filosóficos Transdisciplinares, realizado na Universidade Estadual do Rio de Janeiro, em 13, 15 e 17 de agosto de 1990.

2.
A CAOSMOSE ESQUIZO

A "normalidade", sob a luz do delírio, a lógica tecnicista, sob a lei do processo primário freudiano, um *pas de deux* em direção ao caos para tentar circunscrever uma subjetividade longe dos equilíbrios dominantes, para captar suas linhas virtuais de singularidade, de emergência e de renovação: eterno retorno dionisíaco ou paradoxal revolução copernicana que se prolongaria em uma reviravolta animista? No mínimo, fantasma originário de uma modernidade incessantemente posta em questão e sem esperança de remissão pós-moderna. Sempre a mesma aporia: a loucura cercada em sua estranheza, reificada para sempre em uma alteridade, não deixa de habitar nossa apreensão comum, sem qualidade, do mundo. Mas seria necessário ir ainda mais longe: a vertigem caótica, que encontra uma de suas expressões privilegiadas na loucura, é constitutiva da intencionalidade fundadora da relação sujeito-objeto. A psicose revela um motor essencial do ser no mundo.

Com efeito, o que prima, no modo de ser da psicose — mas também, segundo outras modalidades, no modo do "*self* emergente" da infância (Daniel Stern) ou no da criação estética — é a irrupção na cena subjetiva de um real "anterior" à discursividade cuja consistência pática literalmente pula no pescoço. Deve-se considerar que este real se cristalizou, petrificou, tornou-se catatônico por acidente patológico, ou que estava aí desde todos os tempos — passados e futuros —

à espera de uma atuação, na qualidade de sanção da forclusão de uma suposta castração simbólica? Talvez seja necessário encadear essas duas perspectivas: este real já estava presente, como referência virtual, aberta, e correlativamente ele surgiu enquanto produção *sui generis* de um acontecimento singular.

Os estruturalistas foram por demais precipitados ao posicionar topicamente o Real da psicose em relação ao Imaginário da neurose e ao Simbólico da normalidade. O que ganharam com isso? Erigindo matemas universais do Real, do Imaginário e do Simbólico, considerados cada um em si mesmo como um todo, eles reificaram, reduziram a complexidade da questão — a saber, a cristalização de Universos reais-virtuais, agenciados a partir de uma multiplicidade de territórios imaginários e semiotizados pelas mais diversas vias.

As compleições reais — por exemplo, as da cotidianidade, do sonho, da paixão, do delírio, da depressão e da experiência estética — não são, todas elas, da mesma cor ontológica. Além disso, não são sofridas passivamente, nem articuladas mecanicamente ou trianguladas dialeticamente a outras instâncias. Uma vez ultrapassados certos limiares de consistência autopoiéticos, elas começam a trabalhar por sua própria conta, constituindo focos de subjetivação parcial. Enfatizemos que seus instrumentos expressivos (de semiotização, de encodagem, de catálise, de moldagem, de ressonância, de identificação) não se reduzem a uma única economia significante. A prática da psicoterapia institucional nos ensinou a diversidade das modalidades de aglomeração dessas múltiplas estases reais ou virtuais: as do corpo e do soma, as do eu e do outro, as do espaço vivido e dos ritornelos temporais, as do *socius* familiar e do *socius* artificialmente elaborado para abrir outros campos de possível, as da transferência psicoterapêutica ou ainda as de universos imateriais referentes à música, às formas plásticas, aos devires animais, vegetais, maquínicos...

As compleições do real psicótico, em sua emergência clínica, constituem uma via exploratória privilegiada de outros modos de produção ontológicos pelo fato de revelarem aspectos de excesso, experiências-limite desses modos. A psicose habita assim não apenas a neurose e a perversão mas também todas as formas de normalidade. A patologia psicótica se especifica pelo fato de que por n razões os vaivéns esperados e as relações polifônicas "normais" entre os diferentes modos de passagem ao ser da enunciação subjetiva têm sua heterogeneidade comprometida pela repetição, pela insistência exclusiva de uma estase existencial que qualifico de caósmica e que é suscetível de assumir todas as nuanças de uma gama esquizo-paranoico-maníaco-epileptoide etc...

Fora dessa patologia essa estase só é apreendida através de um evitamento, um deslocamento, um desconhecimento, uma desfiguração, uma sobredeterminação, uma ritualização... Nessas condições, a psicose poderia ser definida como uma hipnose do real. Aqui, um sentido de ser em si se impõe aquém de qualquer esquema discursivo, unicamente posicionado através de um *continuum* intensivo cujos traços de distintividade não são apreensíveis por um aparelho de representação mas por uma absorção pática existencial, uma aglomeração pré-egoica (*pré-moique*), pré-identificatória.

Enquanto o esquizofrênico está como que instalado em pleno centro dessa fenda caótica, o delírio paranoico manifesta uma vontade ilimitada de se apossar dela. Por sua vez, os delírios passionais (Sérieux, Capgras e De Clérambault) marcariam uma intencionalidade de monopolização da caosmose menos fechada, mais processual. As perversões já implicam a recomposição significante de polos de alteridade aos quais cabe encarnar do exterior uma caosmose dominada, teleguiada por roteiros fantasmáticos. Já as neuroses apresentam todas as variantes de evitação anteriormente evocadas, a começar pela mais simples, a mais reificadora — a da fobia —, continuando pela histeria que forja substitutos de

A caosmose esquizo

tais variantes de evitação no espaço social e no corpo, para terminar pela neurose obsessiva que secreta a seu respeito uma perpétua "differencia" (Derrida) temporal, uma infinita procrastinação.

Esse tema caósmico e essas poucas variações nosográficas exigiriam muitos outros desenvolvimentos; foram apresentados aqui apenas para esboçar a ideia de que a apreensão ontológica própria à psicose não é absolutamente sinônimo de uma simples degradação caótica, de um aumento trivial de entropia. Tratar-se-ia de reconciliar o caos e a complexidade. (É de Freud o mérito de ter indicado esse caminho na *Traumdeutung*.) Por que qualificar de caótica a homogênese dos referentes ontológicos e, através dela, a homogênese latente das outras modalidades de subjetivação? É que, em todo caso, o nascimento de uma compleição de sentido implica sempre uma apropriação maciça imediata do conjunto da diversidade contextual. O mundo só se constitui com a condição de ser habitado por um ponto umbilical de desconstrução, de destotalização e de desterritorialização, a partir do qual se encarna uma posicionalidade subjetiva. Sob o efeito de um tal foco de caosmose, o conjunto dos termos diferenciais, das oposições distintivas, dos polos de discursividade é objeto de uma conectividade generalizada, de uma mutabilidade indiferente, de uma desqualificação sistemática. Esse vacúolo de descompressão é ao mesmo tempo núcleo de autopoiese sobre o qual se reafirmam constantemente e se formam, insistem e tomam consistência os Territórios existenciais e os Universos de referência incorporais.

Essa oscilação de velocidade infinita entre um estado de *grasping* caótico e o desdobramento de compleições ancoradas em coordenadas mundanas se instauram aquém do espaço e do tempo, aquém dos processos de espacialização e de temporalização. As formações de sentido e os estados de coisas se encontram assim caotizados no mesmo movimento em que sua complexidade é trazida à existência. Uma determinada modalidade de desarticulação caótica de sua constituição, de sua organicidade, de sua funcionalidade e de suas relações de alteridade está sempre na raiz de um mundo. Não oporemos aqui, como na metapsicologia freudiana, duas pulsões antagonistas de vida e de morte, de complexidade e de caos. A intencionalidade objetal mais original se recorta da caosmose. E o caos não é uma pura indiferenciação; possui uma trama ontológica específica. Está povoado de entidades virtuais e de modalidades de alteridade que não têm nada de universal. Não é então o Ser em geral que irrompe, na experiência caósmica da psicose, ou na relação pática que se pode manter com ela, mas um acontecimento datado, assinalado, marcando um destino, inflectindo significações anteriormente estratificadas. Após um tal processo de desqualificação e de homogênese ontológica, nada mais será como antes. Mas o acontecimento é inseparável da textura do ser que emergiu. É o que atesta a aura psicótica ao associar um sentimento de catástrofe de fim de mundo (François Tosquelles) e o sentimento perturbador de uma redenção iminente de todos os possíveis ou, em outros termos, o vaivém desnorteador entre uma complexidade proliferante de sentido e uma total vacuidade, um abandono irremediável da caosmose existencial.

O que é essencial precisar, na apreensão pática do delírio, do sonho e da paixão, é que a petrificação ontológica, o congelamento existencial da heterogênese dos entes que aí se manifesta segundo estilos particulares está sempre latente nas outras modalidades de subjetivação. É como uma parada na imagem que ao mesmo tempo revela sua posição de base (*base*) (ou de baixo [*basse*]) na polifonia dos componentes caósmicos e intensifica sua potência relativa. Ela não constitui então um grau zero da subjetivação, um ponto negativo, neutro, passivo, deficitário, mas um grau extremo de intensificação. É passando por esse fio-terra caótico, essa oscilação perigosa, que outra coisa se torna possível, que bifurcações ontológicas e a emergência de coeficientes de criatividade processual podem emergir.

O fato de que o doente psicótico seja incapaz de um restabelecimento heterogenético não desmente a riqueza de experimentação ontológica com a qual é confrontado, apesar dele. É isso que faz com que a narratividade delirante, enquanto potência discursiva voltada para a cristalização de um Universo de referência ou de uma substância não discursivos, constitua o paradigma da construção e da reconstrução dos mundos míticos, místicos, estéticos, até mesmo científicos. A existência de estases caósmicas não é absolutamente privilégio da psicopatologia. Encontrar-se-ia sua presença no interior de uma filosofia como a de Pascal ou mesmo de autores os mais racionalistas. A sequência cartesiana da dúvida generalizada, que precede o engate extremamente urgente ao Cogito, ao qual sucederá o reencontro com Deus e a refundação do mundo, pode ser assimilada a essa redução esquizo-caótica: o fato de que a complexidade e a alteridade sejam tentadas (pelo gênio maligno) a desistir confere à subjetividade uma potência suplementar de escapada para fora das coordenadas espaço-temporais, que, por sua vez, ficam fortalecidas.

De um modo mais geral, pode-se considerar que um colapso de sentido será sempre associado à promoção de cadeias de discursividade assignificantes consagradas ao entrançamento ontológico de um mundo autoconsistente. A ruptura de acontecimento advém assim no âmago do ser e é aí que ela pode gerar novas mutações ontológicas. As oposições distintivas, as sintaxes e as semânticas relativas ao código, aos sinais e aos significantes continuam sua trajetória, mas ao lado de seu estrato de origem. Como no delírio, as sinaléticas e as semióticas decolam. A caosmose esquizo é um meio de apercepção das máquinas abstratas que funcionam transversalmente aos estratos heterogêneos. A passagem pela homogênese caósmica, que pode ser — mas isso não é jamais garantido nem mecânica nem dialeticamente — uma via de acesso para a heterogênese complexual, não constitui uma zona de ser translúcida, indiferente, mas um intolerável foco de criacionismo ontológico.

Ao desfazer a heterogênese ontológica que confere sua diversidade ao mundo e sua distração, no sentido pascaliano, à subjetividade, a homogênese esquizo exacerba a potência de transversalidade da caosmose, sua aptidão em atravessar os estratos e em transpor as paredes. Daí a capacidade, frequentemente destacada, que um grande número de esquizofrênicos possui de revelar, inadvertidamente, as intenções mais secretas de seu interlocutor; capacidade para ler, fluentemente, de algum modo, o inconsciente com facilidade. A complexidade, liberada de suas sujeições discursivas significantes, se encarna então em danças maquínicas abstratas, mudas, imóveis e extraordinárias.

Convém evitar uma utilização simplista e reificadora de categorias tais como o autismo e a dissociação para qualificar a estranheza esquizo; a perda do sentimento vital, para as depressões; a gliscroidia, para a epilepsia... Mais do que com alterações deficitárias globais e padrões de uma subjetividade normal, devemos lidar com as modalidades ao mesmo tempo plurais e singulares de uma autoalteridade. Eu é um outro, uma multiplicidade de outros, encarnado no cruzamento de componentes de enunciações parciais extravasando por todos os lados a identidade individuada. O cursor da caosmose não cessa de oscilar entre esses diversos focos enunciativos, não para totalizá-los, sintetizá-los em um eu transcendente, mas para fazer deles, apesar de tudo, um mundo.

Estamos assim diante de dois tipos de homogênese: uma homogênese normal e/ou neurótica, que evita ir muito longe e por muito tempo em direção a uma redução caósmica de tipo esquizo; e uma homogênese extrema, pático-patológica, conduzindo a um ponto de posicionamento das compleições

A caosmose esquizo

mundanas, onde se encontram reunidos não somente componentes de sensibilidade engastados em um tempo e um espaço, componentes afetivos e cognitivos, mas também "cargas" axiológicas éticas e estéticas. No passivo da ontologia esquizo, encontramos então a homogênese redutora, a perda das cores, dos sabores e dos timbres dos Universos de referência, mas em seu ativo encontramos uma alterificação emergente desembaraçada das barreiras miméticas do eu. O ser se afirma como responsabilidade do outro, quando os focos de subjetivação parcial se constituem em absorção ou em adsorção com a aquisição de autonomia e de autopoiese de processos criadores.

Não se trata absolutamente de fazer do esquizo um herói dos tempos pós-modernos e sobretudo não se trata de subestimar, no interior do processo psicótico, o peso dos componentes sistêmicos orgânicos, somáticos, imaginários, familiares, sociais, mas de localizar os efeitos de inibição intercomponenciais que conduzem a um face a face sem saída com a imanência caósmica.

As estratificações sociais estão dispostas de forma a conjurar, tanto quanto possível, a inquietante estranheza gerada por uma fixação, por demais acentuada, à caosmose. É preciso ir rápido, não devemos nos deter aí onde corremos o risco de ser engolidos: na loucura, na dor, na morte, na droga, na extrema paixão... Todos esses aspectos da existência são certamente objeto de uma consideração funcional pelo *socius* dominante, mas sempre como correlato de um desconhecimento ativo de sua dimensão caósmica. A abordagem reativa da caosmose secreta um imaginário de eternidade, em particular através dos *mass media*, que contorna a dimensão essencial de finitude da caosmose: a facticidade do ser aí, sem qualidade, sem passado, sem porvir, em absoluto desamparo e entretanto foco virtual de complexidade sem limite. Eternidade de um mundo adulto profundamente infantil, que é preciso opor à hiperlucidez da criança em meditação solitária sobre o cosmos ou ao devir criança da poesia, da música, da experiência mística. É somente então — quando, ao invés de reimpulsionar compleições de alteridade e de relançar processos de semiotização, a caosmose se cristaliza, implode em abismo de angústia, de depressão, de desorientação mental — que, sem dúvida, se coloca a questão de uma recomposição de Territórios existenciais, de "enxertos de transferência", de relés dialógicos, de uma invenção de pragmáticas assistenciais e institucionais de todos os tipos. Logo, nada de heroísmo da psicose mas, ao contrário, indexação sem complacência do corpo caósmico que ela leva à incandescência e cujos restos pisoteados são hoje em dia laminados pela quimioterapia, desde que este corpo deixou de ser cultivado, tal como flores monstruosas, pelo Hospício tradicional.

A pulverulência delirante primária ou as grandes construções narrativas da paranoia, vias precárias de cura da intrusão do absoluto, não podem ser colocadas no mesmo plano que os sistemas de defesa bem socializados como os jogos, os esportes, as manias alimentadas pelos *mass media*, as fobias racistas... Sua mistura, entretanto, é o pão cotidiano da psicoterapia institucional e das esquizoanálises.

É assim igualmente no interior de uma miscelânea de enunciados banais, de preconceitos, de estereotipias, de estados de coisas aberrantes, de toda uma livre associação do cotidiano, que convém destacar, ainda e sempre, esses pontos Z ou Zen da caosmose, só localizáveis em contrassenso, através de lapsos, de sintomas, de aporias, de passagens ao ato em cenas somáticas, de um teatralismo familialista, ou através de engrenagens institucionais. Isso se deve, repito, ao fato de a caosmose não ser própria da psique individuada. Confrontamo-nos com ela na vida de grupo, nas relações econômicas, no maquinismo, por exemplo informático, e mesmo no interior de Universos incorporais da arte ou da religião. Ela convoca, a cada vez, a reconstrução de uma narratividade operacional, quer dizer, funcionando para além da informação e da comunicação, como cristalização existencial de uma heterogênese ontológica.

O fato de a produção de uma nova compleição real-outro-virtual resultar sempre de uma ruptura de sentido, de um curto-circuito de significações, do aparecimento de uma repetição não redundante, autoafirmativa de sua própria consistência e da promoção de focos de alteridade parciais não "identificáveis" — que escapam à identificação — condena o terapeuta ou o operador de saúde mental a um estrabismo ético essencial. Por um lado, ele trabalha no registro de uma heterogênese que tem de tudo um pouco, para remodelar Territórios existenciais, forjar componentes semióticos de passagem entre blocos de imanência em via de petrificação... Por outro lado, só pode aspirar a um acesso pático à coisa caósmica — no interior da psicose e da instituição — na medida em que ele próprio, de uma forma ou de outra, se recrie, se reinvente como corpo sem órgãos receptivo às intensidades não discursivas. É de seu próprio mergulho na imanência homogenética que dependem suas possíveis conquistas de coeficientes suplementares de liberdade heterogenética, seu acesso a Universos de referência mutantes e sua entrada nos registros renovados de alteridade.

As categorias nosográficas, as cartografias psiquiátricas e psicanalíticas traem necessariamente a textura caósmica da transferência psicótica. Elas constituem línguas, modelizações dentre outras — as do delírio, do romance, dos seriados na televisão — que não poderiam aspirar a nenhuma eminência epistemológica. Nada mais, porém nada menos! O que talvez já seja muito, pois através delas se encarnam papéis, pontos de vista, comportamentos de submissão e até — por que não? — processos liberadores. Quem diz a verdade? Esta não é mais a questão, mas sim a de saber como e em que condições pode melhor aflorar a pragmática dos acontecimentos incorporais que recomporão um mundo, reinstaurarão uma complexidade processual. As modelizações idiossincráticas,

100   Caosmose

enxertadas em uma análise dual, uma autoanálise, uma psicoterapia de grupo... são sempre levadas a fazer empréstimos às línguas especializadas. Nossa problemática de caosmose e de saída esquizoanalítica do aprisionamento significante visa, em contrapartida a esses empréstimos, a uma necessária desconstrução assignificante de sua discursividade e a uma perspectivização pragmática de sua eficácia ontológica.

3.
ORALIDADE MAQUÍNICA
E ECOLOGIA DO VIRTUAL

Não fale de boca cheia, é falta de educação! Ou você fala ou você come. Nunca os dois ao mesmo tempo. Temos, de um lado, um fluxo diferenciado — a variedade dos alimentos envolvidos em um processo de desagregação, de caotização, aspirado por um dentro de carne —, e de um outro lado, um fluxo de articulações elementares — fonológicas, sintáticas, proposicionais —, que investe e constitui um fora complexo, diferenciado. Mas a oralidade fica exatamente no cruzamento. Ela fala de boca cheia. É cheia de dentro e cheia de fora. Ao mesmo tempo complexidade em involução caótica e simplicidade em vias de complexificação infinita. Dança do caos e da complexidade.

Freud já mostrava que objetos simples como o leite e as fezes sustentavam Universos existenciais bastante complexos, a oralidade, a analidade, entrelaçando formas de ver, sintomas, fantasmas... E nos lembramos de uma das primeiras distinções lacanianas entre a fala vazia e a fala plena. Mas plena de quê? Repito, de dentro e de fora, de linhas de virtualidades, de campos de possível. Fala que não é um simples meio de comunicação, agente de transmissão de informação, mas que engendra o ser-aí, fala interface entre o em-si cósmico e o para-si subjetivo.

Quando a fala se esvazia é porque ela passou pelo crivo de semiologias escriturais ancoradas na ordem da lei, do controle dos fatos, gestos e sentimentos. A voz do computador

— "Você não colocou seu cinto" — deixa pouco lugar à ambiguidade. Entretanto a fala comum se esforça para conservar viva a presença de um mínimo de componentes semióticos ditos não verbais, onde as substâncias de expressão constituídas a partir da entonação, do ritmo, dos traços de rostidade, das posturas etc..., coincidem, se alternam, se superpõem, conjurando antecipadamente o despotismo da circularidade significante. Mas no supermercado não há mais tempo de tagarelar para apreciar a qualidade de um produto nem de pechinchar para fixar seu justo preço. A informação necessária e suficiente evacuou as dimensões existenciais da expressão. Não estamos mais lá para existir mas para realizar nosso dever de consumidor.

Constituiria a oralidade um polo de refúgio da polivocidade semiótica, uma retomada em tempo real da emergência da relação sujeito-objeto? Para falar a verdade, uma oposição por demais marcada entre o oral e o escritural não me pareceria mais pertinente. O oral mais cotidiano é sobrecodificado pelo escritural; o escritural mais sofisticado é trabalhado pelo oral. Partiremos, antes, de blocos de sensações compostos pelas práticas estéticas aquém do oral, do escritural, do gestual, do postural, do plástico... que têm como função desmanchar as significações coladas às percepções triviais e as opiniões impregnando os sentimentos comuns. Essa extração de perceptos e de afetos desterritorializados a partir de percepções e de estados de alma banais nos faz passar, se quisermos, da voz do discurso interior e da presença a si, no que podem ter de mais padronizado, a vias de passagem em direção a formas radicalmente mutantes de subjetividade. Subjetividade do fora, subjetividade de amplidão que, longe de temer a finitude, a experiência de vida, de dor, de desejo e de morte, acolhe-as como uma pimenta essencial à cozinha vital.

A arte da performance, liberando o instante à vertigem da emergência de Universos ao mesmo tempo estranhos e familiares, tem o mérito de levar ao extremo as implicações dessa extração de dimensões intensivas, atemporais, aespaciais, assignificantes a partir da teia semiótica da cotidianidade. Ela nos evidencia a gênese do ser e das formas antes que elas tomem seu lugar nas redundâncias dominantes como a dos estilos, das escolas, das tradições da modernidade. Mas essa arte me parece menos resultar de um retorno a uma oralidade originária do que de uma fuga para frente nas maquinações e nas vias maquínicas desterritorializadas capazes de engendrar essas subjetividades mutantes. Quero dizer com isso que há algo de artificial, de construído, de composto — o que denomino uma processualidade maquínica — na redescoberta da oralidade pela poesia sonora. De um modo mais geral, todo descentramento estético dos pontos de vista, toda multiplicação polifônica dos componentes de expressão, passam pelo pré-requisito de uma desconstrução das estruturas e dos códigos em vigor e por um banho de caósmico nas matérias de sensação, a partir das quais tornar-se-á possível uma recomposição, uma recriação, um enriquecimento do mundo (um pouco como se fala de urânio enriquecido), uma proliferação não apenas das formas mas das modalidades de ser. Então, nada de oposição maniqueísta e nostálgica do passado entre uma boa oralidade e uma má escrituralidade, mas busca de focos enunciativos que instaurarão novas clivagens entre outros dentros e outros foras, que promoverão um outro metabolismo passado-futuro a partir do qual a eternidade poderá coexistir com o instante presente.

São, de fato, as máquina estéticas que, em nossa época, nos propõem os modelos relativamente mais bem realizados desses blocos de sensação suscetíveis de extrair um sentido pleno a partir das sinaléticas vazias que nos investem por todos os lados. É nas trincheiras da arte que se encontram os núcleos de resistência dos mais consequentes ao rolo compressor da subjetividade capitalística, a da unidimensionalidade, do equivaler generalizado, da segregação, da surdez para a verdadeira alteridade. Não se trata de fazer dos artistas os novos heróis da revolução, as novas alavancas da história! A arte aqui não é somente a existência de artistas patenteados mas também de toda uma criatividade subjetiva que atravessa os povos e as gerações oprimidas, os guetos, as minorias... Gostaria apenas de enfatizar que o paradigma estético, o da criação e da composição de perceptos e de afetos mutantes, se tornou o de todas as formas possíveis de liberação, expropriando assim os antigos paradigmas cientificistas aos quais estavam referidos, por exemplo, o materialismo histórico ou o freudismo. O mundo contemporâneo, emaranhado em seus impasses ecológicos, demográficos, urbanos, incapaz de assumir as extraordinárias mutações técnico-científicas que o atingem, de uma forma compatível com os interesses da humanidade, se engajou em uma corrida vertiginosa, seja para o abismo, seja para uma renovação radical. As bússolas econômicas, sociais, políticas, morais, tradicionais se desorientam umas após as outras. Torna-se imperativo refundar os eixos de valores, as finalidades fundamentais das relações humanas e das atividades produtivas.

Uma ecologia do virtual se impõe, então, da mesma forma que as ecologias do mundo visível. E, a esse respeito, a poesia, a música, as artes plásticas, o cinema, em particular em suas modalidades performáticas ou performativas, têm um lugar importante a ocupar, devido à sua contribuição específica mas também como paradigma de referência de novas práticas sociais e analíticas — psicanalíticas em uma acepção muito ampliada. Para além das relações de força atualizadas, a ecologia do virtual se proporá não apenas a preservar as espécies ameaçadas da vida cultural mas igualmente a engendrar as condições de criação e de desenvolvimento de formações de subjetividade inusitadas, jamais vistas, jamais sentidas. Significa dizer que a ecologia generalizada — ou a ecosofia — agirá como ciência dos ecossistemas, como objeto de regeneração política mas também como engajamento ético, estético, analítico, na iminência de criar novos sistemas de valorização, um novo gosto pela vida, uma nova suavidade entre os sexos, as faixas etárias, as etnias, as raças...

Estranhos aparatos, dirão vocês, essas máquinas de virtualidade, esses blocos de perceptos e de afetos mutantes, meio-objeto meio-sujeito, já instaurados na sensação e fora deles mesmos nos campos de possível. Não serão facilmente encontradas no mercado habitual da subjetividade e talvez ainda menos no da arte, entretanto elas habitam tudo o que concerne à criação, ao desejo de devir outro, assim como aliás à desordem mental ou às paixões do poder. Tentemos, agora, traçar o perfil dessas máquinas a partir de algumas de suas características principais.

Os Agenciamentos de desejo estético e os operadores da ecologia do virtual não são entidades que possamos facilmente circunscrever na lógica dos conjuntos discursivos. Eles não possuem nem dentro nem fora. São interfaces sem limite que secretam a interioridade e a exterioridade, que se constituem na raiz de todo sistema de discursividade. São devires, entendidos como focos de diferenciação, por um lado no centro de cada domínio e, por por outro, entre domínios diferentes para acentuar sua heterogeneidade. Um devir criança, por exemplo, na música de Schumann, se extrai das recordações de infância para encarnar um presente perpétuo que se instaura como um entroncamento, jogo de bifurcações entre devires: devir mulher, devir planta, devir cosmo, devir melódico...

Se esses Agenciamentos não são detectáveis em relação a sistemas de referência extrínsecos tais como as coordenadas energético-espaço-temporais, ou coordenadas semânticas bem catalogadas, não são menos apreensíveis a partir de tomadas de consistência ontológicas, transitivistas, transversalistas e páticas. Não os conhecemos através de representações mas por contaminação afetiva. Eles se põem a existir em você, apesar de você. E não apenas como afetos rudes, indiferenciados mas como composição hipercomplexa: "é De-

Oralidade maquínica e ecologia do virtual

bussy, é jazz, é Van Gogh". O paradoxo ao qual nos conduz constantemente a experiência estética consiste no fato de que esses afetos, como modo de apreensão existencial, se dão de uma vez só, apesar de — ou paralelamente ao fato de — que traços indicativos, ritornelos sinaléticos sejam necessários para catalisar sua existência nos campos de representação. Qualquer que seja a sofisticação desses jogos de representação para induzir seu Universo existencial e para daí deduzir múltiplas consequências, o bloco de percepto e de afeto, através da composição estética, aglomera em uma mesma apreensão transversal o sujeito e o objeto, o eu e o outro, o material e o incorporal, o antes e o depois... em suma, o afeto não é questão de representação de discursividade, mas de existência. Vejo-me embarcado em um Universo debussista, em um Universo blues, em um devir fulgurante da Provence. Ultrapassei um limiar de consistência. Antes da influência desse bloco de sensação, desse foco de subjetivação parcial, era a cinzenta monotonia; depois, não sou mais eu mesmo como antes, fui arrebatado em um devir outro, levado para além de meus Territórios existenciais familiares.

E não se trata aqui de uma simples configuração gestaltista, cristalizando a predominância de uma "boa forma". Trata-se de algo mais dinâmico, que gostaria de situar no registro da máquina, que oponho aqui ao da mecânica. E foi na condição de biólogos que Humberto Maturana e Francisco Varela formularam o conceito de máquina autopoiética para definir os sistemas vivos. Parece-me que sua noção de autopoiese, como capacidade de autorreprodução de uma estrutura ou de um ecossistema, poderia ser proveitosamente estendida às máquinas sociais, às máquinas econômicas e até mesmo às máquinas incorporais da língua, da teoria, da criação estética. O jazz, por exemplo, se alimenta ao mesmo tempo de sua genealogia africana e de suas reatualizações sob formas múltiplas e heterogêneas. E será assim enquanto ele viver. Mas como toda máquina autopoiética, pode também

108   Caosmose

morrer por falta de realimentação possível ou derivar em direção a destinos que o tornem estrangeiro a ele mesmo.

Eis então uma entidade, um ecossistema incorporal, cujo ser não é garantido do exterior, que vive em simbiose com a alteridade que ele mesmo concorre para engendrar, que ameaça desaparecer se sua essência maquínica for danificada acidentalmente — os bons e os maus encontros do jazz com o rock — ou quando sua consistência enunciativa estiver abaixo de um certo limite. Não é um objeto "dado" em coordenadas extrínsecas mas um Agenciamento de subjetivação dando sentido e valor a Territórios existenciais determinados. Esse Agenciamento deve trabalhar para viver, processualizar-se a partir das singularidades que o atingem. Tudo isso implica a ideia de uma necessária prática criativa e mesmo de uma pragmática ontológica. São novas maneiras de ser do ser que criam os ritmos, as formas, as cores, as intensidades da dança. Nada está pronto. Tudo deve ser sempre retomado do zero, do ponto de emergência caósmica. Potência do eterno retorno do estado nascente.

Após Freud, os psicanalistas kleinianos e lacanianos, cada um à sua maneira, apreenderam esse tipo de entidade em seu campo de investigação batizando-o: "objeto parcial", "objeto transicional", e situando-o na interseção de uma subjetividade e de uma alteridade elas mesmas parciais e transicionais. Mas eles jamais o desinseriram de uma infraestrutura pulsional causalista; jamais lhe conferiram dimensões de Território existencial multivalente e de criatividade maquínicas de horizontes sem limites. Certamente Lacan teve o mérito, com sua teoria do objeto "a", de desterritorializar a noção de objeto do desejo, de defini-lo como não especularizável, escapando assim às coordenadas de espaço e de tempo, de fazê-lo sair do campo limitado ao qual os pós-freudianos o haviam destinado — o do seio materno, das fezes e do pênis — para relacioná-lo à voz e ao olhar. Mas ele não inferiu as consequências de sua ruptura com o determinismo freudiano,

Oralidade maquínica e ecologia do virtual

e não posicionou convenientemente as "máquinas desejantes" — cuja teoria ele preparou — nos campos de virtualidade incorporais. Esse objeto-sujeito do desejo, como os atratores estranhos da teoria do caos, serve de ponto de ancoradouro no interior de um espaço de fase[1] (aqui, um Universo de referência) sem ser jamais idêntico a si mesmo, em fuga permanente sobre uma linha fractal. Aqui não seria necessário apenas evocar uma geometria fractal, mas também uma ontologia fractal. É o próprio ser que transmuda, germina, se transfigura. Os objetos da arte e do desejo são apreendidos em territórios existenciais que são ao mesmo tempo corpo próprio, eu, corpo materno, espaço vivido, ritornelos da língua materna, rostos familiares, narrativa familiar, étnica...

Nenhuma entrada existencial tem prioridade sobre as outras. Nada de infraestrutura causal e de superestrutura representativa da psique. Nada de mundo isolado da sublimação. A carne da sensação e a matéria do sublime estão inextricavelmente misturadas. A relação com o outro não procede por identificação de ícone preexistente, inerente a cada indivíduo. A imagem é transportada por um devir outro, ramificada em devir animal, devir planta, devir máquina e, se for o caso, devir humano.

Como manter unidos esse mergulho sensível em uma matéria finita, uma composição encarnada, sendo elas as mais desterritorializadas — como é o caso com a matéria da música ou a matéria da arte conceitual — e essa hipercomplexidade, essa autopoiese dos afetos estéticos? De maneira compulsiva volto a esse vaivém incessante, entre a complexidade e o caos. Um grito, um azul monocromático fazem surgir um Universo incorporal, intensivo, não discursivo, pático, em cujo rastro são desencadeados outros Universos, outros registros, outras bifurcações maquínicas. Constelações singulares

---

[1] Espaço abstrato no qual os eixos representam as variáveis que caracterizam o sistema.

de universos. As narrativas, os mitos, os ícones mais elaborados nos levam sempre a esse ponto de báscula caósmica, a essa singular oralidade ontológica. Algo se absorve, se incorpora, se digere, a partir do que novas linhas de sentido se esboçam e se alongam. Seria preciso passar por esse ponto umbilical — as escaras brancas e pardacentas no fundo da garganta de Irma, no sonho inaugural de Freud, ou a rigor um objeto fetiche e conjuratório para que possa advir um retorno de finitude e de precariedade, para encontrar uma saída para os sonhos eternitários e mortíferos, para tornar a dar, enfim, o infinito a um mundo que ameaçava sufocar.

Os blocos de sensação da oralidade maquínica destacam do corpo uma carne desterritorializada. Quando eu "consumo" uma obra — que seria necessário denominar de outro modo, pois ela pode ser igualmente ausência de obra — é a uma cristalização ontológica complexa que procedo, a uma alterificação de todo ser-aí. Intimo o ser a existir diferentemente e usurpo-lhe novas intensidades. Seria necessário precisar que uma tal produtividade ontológica não se resume de forma alguma a uma alternativa de ser e de ente ou de ser e de nada? Não apenas eu é um outro mas é uma multidão de modalidades de alteridade. Não estamos mais mergulhados aqui no Significante, no Sujeito e no Outro em geral. A heterogeneidade dos componentes — verbais, corporais, espaciais... — engendra uma heterogênese ontológica tanto mais vertiginosa na medida em que se enlaça atualmente com a proliferação de novos materiais, de novas representações eletrônicas, de uma retração de distâncias e de um alargamento dos pontos de vista. A subjetividade informática nos distancia em velocidade com V maiúsculo das coações da antiga linearidade escritural. Chegou o tempo dos hipertextos em todos os gêneros e mesmo de uma nova escrita cognitiva e sensitiva que Pierre Lévy qualifica de "ideografia dinâmica". As mutações maquínicas entendidas no sentido mais amplo, que desterritorializam a subjetividade, não deveriam mais desencadear em nós reflexos de defesa, crispações passadistas. É absurdo imputar-lhes o embrutecimento mass-mediático que quatro quintos da humanidade conhecem atualmente. Trata-se apenas do contra efeito perverso de um certo tipo de organização da sociedade, da produção e da repartição dos bens.

Com a junção da informática, da telemática e do audiovisual talvez um passo decisivo possa ser dado no sentido da interatividade, da entrada em uma era pós-mídia e, correlativamente, de uma aceleração do retorno maquínico da oralidade. O tempo do teclado digital terá em breve acabado; é através da fala que o diálogo com as máquinas poderá se instaurar, não apenas com as máquinas técnicas, mas também com as máquinas de pensamento, de sensação, de concertamento... Tudo isso, repito, com a condição de que a sociedade mude, com a condição de que novas práticas sociais, políticas, estéticas, analíticas nos permitam sair dos grilhões da fala vazia que nos esmagam, da laminação de sentido que pretende se impor por toda parte, muito especialmente depois do triunfo do espírito do capitalismo nos países do Leste e na guerra do Golfo.

A oralidade, moralidade, ao se fazer maquínica, máquina estética e máquina molecular de guerra — que se pense atualmente na importância, para milhões de jovens, da cultura do rap — pode se tornar uma alavanca essencial da ressingularização subjetiva e gerar outros modos de sentir o mundo, uma nova face das coisas, e mesmo um rumo diferente dos acontecimentos.

4.
O NOVO PARADIGMA ESTÉTICO

Na história do Ocidente, só tardiamente a arte destacou-se como atividade específica, da ordem de uma referência axiológica particularizada. Nas sociedades arcaicas, a dança, a música, a elaboração de formas plásticas e de signos no corpo, nos objetos, no chão, estavam intimamente mescladas às atividades rituais e às representações religiosas. Da mesma forma, as relações sociais, as trocas econômicas e matrimoniais não eram muito discerníveis do conjunto da vida daquilo que propus chamar de Agenciamentos territorializados de enunciação. Através de diversos modos de semiotização, de sistemas de representação e de práticas multireferenciadas, tais agenciamentos conseguiam fazer cristalizar segmentos complementares de subjetividade, extrair uma alteridade social pela conjugação da filiação e da aliança, induzir uma ontogênese pessoal pelo jogo das faixas etárias e das iniciações, de modo que cada indivíduo se encontrasse envolto por várias identidades transversais coletivas ou, se preferirem, no cruzamento de inúmeros vetores de subjetivação parcial. Nestas condições, o psiquismo de um indivíduo não estava organizado em faculdades interiorizadas, mas dirigido para uma gama de registros expressivos e práticos, diretamente conectados à vida social e ao mundo externo.

Uma tamanha interpenetração entre o *socius*, as atividades materiais e os modos de semiotização deixava pouco lugar para uma divisão e uma especialização do trabalho — ficando, aliás, a própria noção de "trabalho" um tanto vaga. E, correlativamente, tal interpenetração tampouco deixava muito lugar para a separação de uma esfera estética, distinta de outras esferas: econômica, social, religiosa, política...

Não se trata aqui de retraçar, mesmo que sucintamente, as diversas vias de desterritorialização de tais Agenciamentos territorializados de enunciação. Destaquemos apenas que sua evolução geral irá no sentido de acentuar a individuação da subjetividade, uma perda de sua polivocidade — basta simplesmente pensar na multiplicação de nomes próprios atribuídos a um indivíduo, em muitas das sociedades arcaicas. Traços que, correlativamente, têm também a ver com o fato de que se autonomizaram universos de valor da ordem do divino, do bem, do verdadeiro, do belo, do poder... Tal setorização dos modos de valorização encontra-se, doravante, profundamente incrustada na apreensão cognitiva que podemos ter de nossa época, assim como nos é difícil de entender tais modos quando tentamos decifrar as diversas formas de sociedade do passado. Como imaginar, por exemplo, que um príncipe do renascimento não comprasse obras de arte mas requisitasse para si os serviços de mestres, cuja notoriedade revertia para seu prestígio? Para nós, a subjetividade corporativista com suas implicações devotas dos mestres-artesãos da Idade Média que construíram as catedrais tornou-se opaca. Não conseguimos evitar estetizar uma arte rupestre, cujo alcance, tudo leva a crer, era essencialmente tecnológico e cultural. Assim, toda leitura do passado é necessariamente sobrecodificada por nossas referências no presente. Tomar o partido de tais referências não significa que tenhamos que unificar ângulos de visão basicamente heterogêneos.

Há alguns anos, uma exposição em Nova York apresentou em paralelo obras cubistas e produções daquilo que se convencionou chamar de arte primitiva. Correlações formais, formalistas e finalmente bastante superficiais, eram assim depreendidas, por estarem as duas séries de criação destacadas

114   Caosmose

de seu respectivo contexto — por um lado, tribal, étnico, mítico e, por outro, cultural, histórico, econômico. Não se deve esquecer que o fascínio que as artes africana, oceânica e indígena exercia sobre os cubistas não era só de ordem plástica, mas estava também associado a um exotismo de época, que se estendia às explorações, aos diários de viagem, às expedições coloniais, aos romances de aventura, cuja aura de mistério estava sendo intensificada pela fotografia, pelo cinema, pelas gravações sonoras e pelo desenvolvimento da etnologia de campo. Se não é ilegítimo e se é sem dúvida inevitável projetar sobre o passado os paradigmas estéticos da modernidade, isto só pode acontecer com a condição de se considerar o caráter relativo e virtual das constelações de universos de valor, às quais dá lugar este tipo de recomposição.

A ciência, a técnica, a filosofia, a arte, a conduta humana defrontam-se com coerções, com resistências de materiais específicos, que elas desfazem e articulam, nos limites dados, com a ajuda de códigos, de um *savoir-faire*, de ensinamentos históricos que as levam a fechar algumas portas e a abrir outras. As relações entre os modos finitos desses materiais e os atributos infinitos dos Universos de possível que eles implicam não são idênticas em cada uma dessas diferentes atividades. A filosofia, por exemplo, engendra seu próprio registro de coerções criativas, secreta seu material de referência textual, cuja finitude ela projeta a uma potência infinita que corresponde ao autoposicionamento e à autoconsistência ontológica de seus conceitos-chave, pelo menos em cada fase de mutação de seu desenvolvimento. Já os paradigmas da tecnociência, por sua vez, dão ênfase ao mundo objetal de relações e de funções, mantendo sistematicamente entre parênteses os afetos subjetivos, de modo que o finito, o delimitado coordenável, acabe sempre prevalecendo sobre o infinito de suas referências virtuais.

Na arte, ao contrário, a finitude do material sensível torna-se um suporte de uma produção de afetos e de perceptos que tenderá cada vez mais a se excentrar em relação aos quadros e coordenadas pré-formadas. Marcel Duchamp declarava: "a arte é um caminho que leva para regiões que o tempo e o espaço não regem". Os diferentes campos do pensamento, da ação, da sensibilidade posicionam de modo dessemelhante seu movimento do infinito ao longo do tempo, ou melhor, ao longo das épocas que, aliás, podem sempre voltar ou cruzar-se entre si. Por exemplo, a teologia, a filosofia e a música, hoje, não compõem mais a mesma constelação forte que compunham na Idade Média. O metabolismo do infinito, próprio a cada Agenciamento, não se fixa de uma vez por todas. E quando surgem mutações importantes em um deles — por exemplo, a reprodutibilidade potencialmente ilimitada do texto e da imagem pela imprensa ou a potência de transferência cognitiva adquirida pelos algoritmos matemáticos no domínio das ciências... —, quando surgem mutações de tal porte em um deles, contaminam os outros domínios, transversalmente.

A potência estética de sentir, embora igual em direito às outras — potências de pensar filosoficamente, de conhecer cientificamente, de agir politicamente —, talvez esteja em vias de ocupar uma posição privilegiada no seio dos Agenciamentos coletivos de enunciação de nossa época. Mas antes de abordar essa questão, é necessário esclarecer melhor sua posição no seio dos Agenciamentos anteriores.

Voltemos aos Agenciamentos territorializados de enunciação. Eles não constituem, propriamente ditos, uma etapa histórica particular. Se é verdade que podem caracterizar as sociedades sem escrita e sem Estado, é verdade também que encontramos remanescências e até renascimentos ativos deste tipo de Agenciamento nas sociedades capitalísticas desenvolvidas. Além disso, encontramos aspectos desse mesmo tipo de subjetividade polissêmica, animista, transindividual, no mundo da primeira infância, da loucura, da paixão amorosa, da criação artística.

116   Caosmose

Falaremos aqui, de preferência, de um paradigma protoestético, querendo com isso assinalar que não estamos nos referindo à arte institucionalizada, às suas obras manifestadas no campo social, mas a uma dimensão de criação em estado nascente, perpetuamente acima de si mesma, potência de emergência subsumindo permanentemente a contingência e as vicissitudes de passagem a ser dos universos materiais. Horizonte remanescente do tempo discursivo — o tempo batido pelos relógios sociais —, uma duração eternitária habita com espantosa intensidade o afeto da subjetividade territorializada, escapando da alternativa lembrança-esquecimento. O território existencial, aqui, se faz ao mesmo tempo terra natal, pertencimento do eu, amor do clã, efusão cósmica. Nesse primeiro caso de Agenciamento, a categoria de espaço encontra-se numa postura bem particular, que podemos qualificar de globalmente estetizada. Estratos espaciais polifônicos, frequentemente concêntricos, parecem atrair, colonizar, todos os níveis de alteridade que, por outro lado, eles próprios engendram. Os objetos instauram-se em relação a tais espaços em posição transversal, vibratória, conferindo-lhes uma alma, um devir ancestral, animal, vegetal, cósmico.

Essas objetidades-subjetidades são levadas a trabalhar por conta própria, a se encarnar em foco animista: imbrincam-se umas com as outras, invadem-se, para constituir entidades coletivas — meio-coisa, meio-alma, meio-homem, meio-animal, máquina e fluxo, matéria e signo... O estrangeiro, o estranho, a alteridade maléfica são remetidos para um exterior que ameaça. Mas as esferas da exterioridade não são radicalmente separadas do interior. Maus objetos internos têm que responder por tudo aquilo que rege os mundos externos. Na verdade, não há de fato um exterior: a subjetividade coletiva territorializada é hegemônica; ela rebate os universos de valor, uns sobre os outros, através de um movimento geral de fechamento em torno de si mesma; ela rima os tempos e os espaços ao sabor de suas medidas internas, de seus ritornelos rituais.

Os acontecimentos do macrocosmo são assimilados aos do microcosmo, dos quais, por outro lado, eles têm que dar conta. Assim sendo, o espaço e o tempo nunca são receptáculos neutros: eles devem ser efetuados, engendrados por produções de subjetividade que envolvem cantos, danças, narrativas acerca dos ancestrais e dos deuses... Não existe aqui trabalho algum que incida sobre as formas materiais que não presentifique entidades imateriais. Inversamente, toda e qualquer pulsão dirigida a um infinito desterritorializado é acompanhada por um movimento de recuo em torno de limites territorializados, correlativo a um gozo da passagem ao para-si coletivo e a seus mistérios iniciáticos.

Com os Agenciamentos maquínicos desterritorializados, cada esfera de valorização erige um polo de referência transcendente autonomizado: o Verdadeiro das idealidades lógicas, o Bem do desejo moral, a Lei do espaço público, o Capital do cambismo econômico, o Belo do domínio estético... Este recorte de transcendência é consecutivo a uma individuação de subjetividade, que se encontra ela própria despedaçada em faculdades modulares tais como a Razão, a Afetividade, a Vontade... A segmentação do movimento infinito de desterritorialização é, portanto, acompanhada por uma espécie de reterritorialização incorporal, por uma reificação imaterial.

A valorização que, na figura precedente, era polifônica e rizomática, se bipolariza, se maniqueíza, se hierarquiza, particularizando seus componentes, o que de certo modo tende a esterilizá-la. Dualismos sem saída — como as oposições entre o sensível e o inteligível, o pensamento e a extensão, o real e o imaginário — induzirão o recurso a instâncias transcendentes, onipotentes e homogenéticas, como Deus, o Ser, o Espírito Absoluto, o Significante. A antiga interdependência dos valores territorializados encontra-se então perdida, assim

118   Caosmose

como as experimentações, os rituais, as bricolagens que levavam a invocá-las, a provocá-las, correndo-se o risco de que se revelassem evanescentes, mudas, ou perigosas. O valor transcendente, por sua vez, coloca-se como inamovível, tendo sempre estado aí e aí devendo permanecer para sempre. Face a tal valor, a subjetividade fica perpetuamente em falta, culpada *a priori* ou, na melhor das hipóteses, em estado de "concordata ilimitada" (segundo a fórmula de *O processo* de Kafka). A "mentira do ideal", como escrevia Nietzsche, se torna "a maldição suspensa acima da realidade".[1]

Assim a subjetividade modular não tem mais o controle sobre a dimensão de emergência dos valores, que se encontra neutralizada sob o peso das tabelas de códigos, de regras e de leis decretadas pelo enunciador transcendente. Esta subjetividade não mais resulta de uma intrincação com contornos móveis das esferas de valorização arrimadas às matérias de expressão; ela é recomposta enquanto individuação reificada, a partir de Universais dispostos segundo uma hierarquia arborescente. Direitos, deveres e normas imprescritíveis expropriam as antigas interdições que sempre deixavam um lugar para a conjuração e para a transgressão. Essa setorização e bipolarização dos valores pode ser qualificada de capitalística em razão do esgotamento, da desqualificação sistemática das matérias de expressão que ela realiza e que as engajam na órbita da valorização econômica do Capital. Este trata num mesmo plano formal valores de desejo, valores de uso e valores de troca, e faz passar qualidades diferenciais e intensidades não discursivas sob a égide exclusiva de relações binárias e lineares. A subjetividade padronizou-se através de uma comunicação que elimina, ao máximo, as composições enunciativas trans-semióticas (desaparecimento progressivo da polissemia, da prosódia, do gesto, da mímica, da

---

[1] Friedrich Nietzsche, *Ecce Homo*, prefácio, pp. 2-3, trad. Henri Albert, Paris, Mercure de France, 1908.

O novo paradigma estético

postura, em proveito de uma língua rigorosamente assujeitada às máquinas escriturais e a seus avatares mass-mediáticos). Em suas formas contemporâneas extremas, tal subjetividade tende a se reduzir a uma troca de fichas informacionais, calculáveis por quantidade de bits e reprodutíveis por computador.

Assim a individuação modular faz explodir as sobredeterminações complexas entre os antigos Territórios existenciais, para remodelar faculdades mentais, um eu, modalidades de alteridade personológica, sexual, familiar, como peças compatíveis com a mecânica social dominante. O significante capitalístico, como simulacro do imaginário de poder nesse tipo de Agenciamento desterritorializado, tem portanto vocação para sobrecodificar todos os outros universos de valor, inclusive os que habitam o campo do percepto e do afeto estéticos. No entanto, tal campo permanece como foco de resistência da ressingularização e da heterogênese face à invasão das redundâncias canônicas, e isso graças à abertura precária das linhas de fuga dos estratos finitos em direção ao infinito incorporal.

Da mesma forma que os Agenciamentos emergentes territorializados, os Agenciamentos capitalísticos desterritorializados tampouco constituem etapas históricas bem-delimitadas. (Pulsões capitalísticas são encontradas no interior dos impérios egípcios, mesopotâmicos, chineses e, depois, durante toda a Antiguidade clássica.)

O terceiro tipo de Agenciamento processual será ainda mais difícil de captar, pelo fato de estar sendo proposto aqui a título prospectivo, unicamente a partir de traços e sintomas que ele parece manifestar hoje. Ao invés de marginalizar o paradigma estético, esse tipo de agenciamento lhe confere uma posição chave de transversalidade em relação aos outros universos de valor, cujos focos criacionistas e de consistência autopoiética ele só faz intensificar. Entretanto, o fim da autarquia e do esvaziamento dos universos de valor da figura precedente não mais constitui sinônimo de uma volta à agregação territorializada dos Agenciamentos emergentes.

Do regime da transcendência reducionista não recaímos na reterritorialização do movimento do infinito segundo os modos finitos. A estetização geral (e relativa) dos diversos Universos de valor conduz a um reencantamento de outra natureza das modalidades expressivas da subjetivação. Magia, mistério e demoníaco não mais emanarão, como outrora, da mesma aura totêmica. Os territórios existenciais se diversificam, se heterogenizam. O acontecimento não é mais delimitado pelo mito, mas se torna foco de relance processual. O choque incessante do movimento da arte com os papéis estabelecidos — já desde o Renascimento, mas sobretudo durante a época moderna —, sua propensão a renovar suas matérias de expressão e a textura ontológica dos perceptos e dos afetos que ele promove, operam se não uma contaminação direta dos outros campos, no mínimo o realce e a reavaliação das dimensões criativas que os atravessam a todos.

É evidente que a arte não detém o monopólio da criação, mas ela leva ao ponto extremo uma capacidade de invenção de coordenadas mutantes, de engendramento de qualidades de ser inéditas, jamais vistas, jamais pensadas. O limiar decisivo de constituição desse novo paradigma estético reside na aptidão desses processos de criação para se autoafirmar como fonte existencial, como máquina autopoiética. Já podemos pressentir o fim dos grilhões que a referência a uma Verdade transcendente impunha às ciências como garante de sua consistência teórica. Tal consistência, hoje, parece depender cada vez mais de modelizações operacionais, que se encontram o mais coladas possível à empiria imanente. Sejam quais forem as viradas da história, parece que a criatividade social está sendo chamada a expropriar os antigos enquadramentos ideológicos rígidos, em particular os que serviam de caução à eminência do poder de Estado e os que ainda fazem do mercado capitalístico uma verdadeira religião.

O novo paradigma estético

Se agora nos voltamos para uma disciplina como a psicanálise, que pretendeu afirmar-se como científica, penso que fica cada vez mais claro que ela só tem a ganhar colocando-se sob a égide desse novo tipo de paradigma estético processual. É só por essa via que ela poderá reconquistar a criatividade de seus anos loucos do começo do século. A psicanálise, dependendo de dispositivos, procedimentos e referências renovados e abertos à mudança, tem vocação para engendrar uma subjetividade que escapa às modelizações adaptativas e está apta para se agenciar com as singularidades e as mutações de nossa época.

Daria para multiplicar infinitamente nossos exemplos. Em todos os campos encontraríamos o mesmo entrelaçamento de três tendências: uma heterogenização ontológica dos universos de referência configurados através daquilo que chamei de movimento do infinito; uma transversalidade maquínica abstrata que articula a infinidade de interfaces finitas manifestadas por tais universos num mesmo hipertexto[2] ou plano de consistência; uma multiplicação e uma particularização dos focos de consistência autopoiética (Territórios existenciais).

Assim o paradigma estético processual trabalha com os paradigmas científicos e éticos e é por eles trabalhado. Ele se instaura transversalmente à tecnociência porque os *phylum* maquínicos desta são, por essência, de ordem criativa e tal criatividade tende a encontrar a do processo artístico. Mas, para estabelecer essa ponte, temos que nos desfazer de visões mecanicistas da máquina e promover uma concepção que englobe, ao mesmo tempo, seus aspectos tecnológicos, biológicos, informáticos, sociais, teóricos, estéticos. E aqui, mais uma vez, é a máquina estética que nos parece a mais capaz

---

[2] Sobre a noção de "hipertexto maquínico", cf. Pierre Lévy, *Les Technologies de l'inteligence*, Paris, La Découverte, 1990 (ed. bras.: *As tecnologias da inteligência*, Rio de Janeiro, Editora 34, 1993)..

de revelar alguma de suas dimensões essenciais, muitas vezes desconhecidas — a da finitude relativa à sua vida e à sua morte, a da produção de protoalteridade no registro de seu entorno e de suas múltiplas implicações, a de suas filiações genéticas incorporais...

O novo paradigma estético tem implicações ético-políticas porque quem fala em criação, fala em responsabilidade da instância criadora em relação à coisa criada, em inflexão de estado de coisas, em bifurcação para além de esquemas pré-estabelecidos e aqui, mais uma vez, em consideração do destino da alteridade em suas modalidades extremas. Mas essa escolha ética não mais emana de uma enunciação transcendente, de um código de lei ou de um deus único e todo-poderoso. A própria gênese da enunciação encontra-se tomada pelo movimento de criação processual. Isto é bem nítido no caso da enunciação científica, que tem sempre uma cabeça múltipla: cabeça individual, é claro, mas também cabeça coletiva, cabeça institucional, cabeça maquínica com os dispositivos experimentais, a informática com os bancos de dados e a inteligência artificial...

O processo de diferenciação dessas interfaces maquínicas multiplica os focos enunciativos auto poéticos e os torna parciais na medida em que tal processo se estende para todos os lados através dos campos de virtualidade dos universos de referência. Mas como podemos ainda falar de universos de valor com esse esfacelamento da individuação do sujeito e essa multiplicação das interfaces maquínicas? Não sendo mais agregados e territorializados como na primeira figura de Agenciamento, ou autonomizados e transcendentalizados como na segunda, os Universos de valor, aqui, encontram-se cristalizados em constelações singulares e dinâmicas, envolvendo e retomando permanentemente estes dois modos de produção subjetivos e maquínicos. Não se deverá nunca confundir aqui o maquinismo e o mecanismo. O maquinismo, como entendemos neste contexto, implica um duplo processo autopoiético-criativo e ético-ontológico (a existência de uma "matéria de escolha") estranho ao mecanismo, de modo que o imenso encaixe de máquinas, em que consiste o mundo de hoje, se acha em posição autofundadora de sua passagem ao ser. O ser não precede a essência maquínica; o processo precede a heterogênese do ser.

Emergência arrimada nos Territórios coletivos, Universais transcendentes, Imanência processual: três modalidades de práxis e de subjetivação que especificam três tipos de Agenciamento de enunciação que dizem respeito igualmente à psique, às sociedades humanas, ao mundo dos seres vivos, às espécies maquínicas e, em última análise, ao próprio cosmos. Uma tal ampliação "transversalista" da enunciação deveria levar à derrubada da "cortina de ferro ontológica", segundo a expressão de Pierre Lévy, que a tradição filosófica estabeleceu entre o espírito e a matéria. O estabelecimento de um tal ponto transversalista leva a postular a existência de um certo tipo de entidade habitando ao mesmo tempo os dois domínios, de tal modo que os incorporais de valor e de virtualidade adquiram uma espessura ontológica nivelada com a dos objetos engastados nas coordenadas energético-espaço-temporais.

Trata-se, aliás, menos de uma identidade de ser, que atravessaria regiões, em suma, de textura heterogênea, do que de uma mesma persistência processual. Nem o Um-todo dos platônicos, nem Primeiro motor de Aristóteles, essas entidades transversais se apresentam como hipertexto maquínico se instaurando muito além de um simples suporte neutro de formas e de estruturas, no horizonte absoluto de todos os processos de criação. Não se coloca então a qualidade ou o atributo como segundo em relação ao ser ou à substância; não se parte de um ser como puro continente vazio e *a priori* de todas modalidades possíveis de existente. O ser é antes de tudo autoconsistência, autoafirmação, existência para si desenvolvendo relações particulares de alteridade. O para-si, e o para-outrem deixam de ser o privilégio da humanidade, eles cristalizam em toda parte em que interfaces maquínicas engendrem disparidade e, em contrapartida, são fundadas por ela. A ênfase não é mais colocada sobre o Ser, como equivalente ontológico geral, o qual, pela mesma razão que outros equivalentes (o Capital, a Energia, a Informação, o Significante), envolve, delimita e dessingulariza o processo, mas sobre a maneira de ser, a maquinação para criar o existente, as práxis geradoras de heterogeneidade e de complexidade.

A apreensão fenomenológica do ser, existente enquanto facticidade inerte, só se dá no quadro de experiências limites tais como a náusea existencial ou a depressão melancólica. A tomada de ser maquínica, por sua vez, será antes desdobrada através de envolvimentos temporais e espaciais múltiplos e polifônicos e de desenvolvimentos potenciais, racionais e suficientes, em termos de algoritmos de regularidades e de leis, cuja textura é tão real quanto suas manifestações atuais. Uma ecologia do virtual se impõe então aqui como complemento necessário das ecologias do já existente.

As entidades maquínicas que atravessam esses diferentes registros de mundos atualizados e de Universos incorporais são um Jano bifronte. Elas existem paralelamente em estado discursivo no seio dos Fluxos molares, em relação de pressuposição com um corpus de proposições semióticas possíveis e em estado não discursivo, no seio de focos enunciativos que se encarnam em Territórios existenciais singulares e em desdobramento correlativo de Universos de referência ontológicos não dimensionados e não coordenados de maneira extrínseca.

Como associar o caráter infinito não discursivo da textura desses incorporais e a finitude discursiva dos fluxos energético-espaço-temporais e de seus correlatos proposicionais? Pascal nos indica uma direção em sua resposta à pergunta: consideras impossível que Deus seja infinito e sem partes?: "Sim, quero então mostrar uma coisa infinita e indivisível. É

O novo paradigma estético

um ponto se movendo por toda parte com uma velocidade infinita; pois ele está em todos os lugares e por inteiro em cada lugar".[3] Com efeito, apenas uma entidade animada a uma velocidade infinita, quer dizer, não respeitando o limite cosmológico einsteiniano da velocidade da luz, pode pretender suprimir ao mesmo tempo um referente limitado e campos de possível incorporais, dando assim crença e consistência aos termos contraditórios de uma mesma proposição. Mas com essa velocidade pascaliana desdobrando uma "coisa infinita e indivisível", permanecemos ainda apenas em um infinito ontologicamente homogêneo, passivo e indiferenciado. A criatividade intrínseca ao novo paradigma estético exige redobras mais ativas e mais ativantes desse infinito, e isso em duas modalidades que iremos examinar agora e cuja dupla articulação é característica da máquina no sentido amplo considerado aqui.

Uma primeira dobragem caósmica consiste em fazer coexistir as potências do caos com a da mais alta complexidade. É por um contínuo vaivém em velocidade infinita que as multiplicidades de entidade se diferenciam em compleições ontologicamente heterogêneas e se caotizam abolindo sua diversidade figural e homogeneizando-se no interior de um mesmo ser-não-ser. Elas não cessam, de algum modo, de mergulhar em uma zona umbilical caótica em que perdem suas referências e suas coordenadas extrínsecas, mas de onde podem reemergir investidas de novas cargas de complexidade. É no percurso dessa dobragem caósmica que se acha instaurada uma interface entre a finitude sensível e a infinitude trans-sensível dos Universos de referência que lhe estão arrimados.

Oscila-se assim entre, por um lado, um mundo finito em velocidades desaceleradas, em que um limite se esboça sempre por trás de um limite, uma coação por detrás de uma coa-

---

[3] Blaise Pascal, *Pensées*, 444, em *Oeuvres complètes*, Paris, Pléiade/ Gallimard, 1954, p. 1.211 (n° 231 da edição Brunschvicg).

ção, um sistema de coordenada por detrás de outro sistema de coordenada, sem que se chegue jamais à tangente última de um ser-matéria que escapa por toda parte e, por outro lado, Universos de velocidade infinita em que o ser não se recusa mais, em que ele se dá em suas diferenças intrínsecas, em suas qualidades heterogenéticas. A máquina, todas as espécies de máquina estão sempre nesse cruzamento do finito e do infinito, nesse ponto de negociação entre a complexidade e o caos.

Esses dois tipos de consistência ontológica: o ser-qualidade heterogenética e o ser-matéria-nada não implicam nenhum dualismo maniqueísta, já que se instauram a partir do mesmo plano de imanência entitário e se envolvem um ao outro. Mas o preço desse primeiro nível de imanência do caos e da complexidade é que ele não dá a chave da estabilização, da localização, da ritmização das estases e estratos caósmicos reduzidos, das "paradas na imagem" da complexidade, daquilo que a impede de voltar atrás para soçobrar mais uma vez no caos e daquilo que as leva, ao contrário, a engendrar limites, regularidades, coações, leis, todas as coisas de que a segunda dobragem autopoiética deve dar conta.

De fato, não é legítimo procurar interceptar a contingência finita em um percurso tão direto entre o caos e a complexidade. Há duas razões para isso: por um lado, a compleição fugaz que emerge do caos para retornar a ele em velocidade infinita é ela mesma virtualmente portadora de velocidades reduzidas. Por outro lado, o umbigo caósmico, na medida em que adquire consistência, tem também um papel a representar no engendramento da finitude por suas duas funções, a autopoiética e a transmonádica. Assim à imanência da complexidade do caos seremos levados a superpor a imanência do infinito e da finitude e deveremos postular que a redução primordial que se manifesta nas velocidades finitas, próprias dos limites e coordenadas extrínsecas e da promoção de pontos de vista particularizados, habita tanto o caos quanto as ve-

O novo paradigma estético 127

locidades de entidade infinitas que a filosofia tenta domesticar com suas criações de conceito.

O movimento de virtualidade infinita das compleições incorporais traz em si a manifestação possível de todas as composições e de todos os Agenciamentos enunciativos atualizáveis na finitude. A caosmose não oscila, então, mecanicamente entre zero e o infinito, entre o ser e o nada, a ordem e a desordem: ela ressurge e germina nos estados de coisas, nos corpos, nos focos autopoiéticos que utiliza a título de suporte de desterritorialização. Trata-se aqui de um infinito de entidades virtuais infinitamente rico de possível, infinitamente enriquecível a partir de processos criadores. É uma tensão para apreender a potencialidade criativa na raiz da finitude sensível, "antes" que ela se aplique às obras, aos conceitos filosóficos, às funções científicas, aos objetos mentais e sociais, que funda o novo paradigma estético. A potencialidade de evento-advento de velocidades limitadas no centro das velocidades infinitas constitui estas últimas em intensidades criadoras. As velocidades infinitas estão grávidas de velocidades finitas, de uma conversão do virtual em possível, do reversível em irreversível, do diferido em diferença. As mesmas multiplicidades entitárias constituindo os Universos virtuais e os mundos possíveis, essa potencialidade de bifurcação sensível finita, inscrita em uma temporalidade irreversível, permanece em absoluta pressuposição recíproca com a reversibilidade atemporal, o eterno retorno incorporal da infinitude.

> *Um lance de dados*
> *Jamais*
> *Mesmo quando lançado em circunstâncias eternas*
> *Do fundo de um naufrágio...*

Essa irrupção do irreversível, essas escolhas de finitude só poderão ser enquadradas, adquirir uma consistência relativa, na condição de se inscreverem em uma memória de ser e de se posicionarem em relação aos eixos de ordenação e de referência. A dobra autopoiética responderá a essas duas exigências pelo funcionamento de suas duas facetas, inextricavelmente associadas, de apropriação ou de *grasping* existencial e de inscrição transmonádica. Mas o *grasping* só confere uma autoconsistência à mônada na medida em que esta desenvolve uma exterioridade e uma alteridade transmonádica, de forma que nem a primeira nem a segunda se beneficiem de uma relação de precedência e que não se possa abordar uma sem se referir à outra.

Comecemos entretanto pela vertente do *grasping*: ela instaura um "aproximar" entre:

— a autonomia respectiva da compleição e de seu umbigo caósmico, sua distinção, sua autonomia absoluta;

— sua concatenação igualmente absoluta no interior do mesmo plano de dupla imanência.

A experiência de uma tal ambivalência de posicionamento e de abolição fusional nos é dada com a apreensão dos objetos parciais kleinianos — o seio, as fezes, o pênis... — que cristalizam o eu ao mesmo tempo que o dissolvem em relações projetivas-introjetivas com o outro e com o Cosmos. Uma compleição incorporal, apanhada pelo *grasping*, só receberá seu selo de finitude na medida em que ocorra o evento-advento de seu encontro com uma linha transmonádica, que desencadeará a saída, a expulsão de sua velocidade infinita e sua desaceleração primordial. Aquém dessa transposição de limiar, a existência da compleição incorporal, assim como a da composição e do agenciamento candidatos à atualização, permanece aleatória, evanescente. A multiplicidade entitária complexa é apenas indexada por um foco autopoiético. Aqui, é a experiência da primeira rememoração do sonho, com a fuga desvairada de seus traços de complexidade, que evocaremos. É quando o transmonadismo entra em cena para inscrever e transformar esse primeiro engate autopoié-

O novo paradigma estético

tico que tudo começa verdadeiramente. Assim precisamos retomar a questão a partir de sua vertente.

O metabolismo permanente de nadificação, de despolarização e de dispersão do diverso que trabalha a mônada impede que ela delimite uma identidade própria. O nada de uma mônada "dada" habita o nada de uma outra mônada e assim sucessivamente ao infinito, em uma corrida de relé multidirecional com ressonâncias estroboscópicas. Como um tal rasto de nadificação, ao mesmo tempo onipotente e impotente, chega a ser suporte de inscrição de uma remanescência de finitude, como ele se torna desterritorialização? É porque aí, onde só havia esvaecimento infinito, dispersão absoluta, o deslizamento transmonádico introduz uma linearidade de ordem — passa-se de um ponto de consistência a um outro — que permitirá cristalizar a ordenação das compleições incorporais. A caosmose funciona aqui como a cabeça de leitura de uma máquina de Turing. O nada caótico patina e faz transitar a complexidade, coloca-a em relação com ela mesma e com o que lhe é outro, com o que a altera. Essa atualização da diferença opera uma seleção agregativa sobre a qual poderão se enxertar limites, constantes, estados de coisas. Desde já não estamos mais nas velocidades de dissolução infinitas. Há um resto, uma retenção, a ereção seletiva de semelhanças e dessemelhanças. Em simbiose, compleições infinitas, composições finitas se engastam em coordenadas extrínsecas, agenciamentos enunciativos se encaixam em relações de alteridade. A linearidade, matriz de toda ordenação, já é uma desaceleração, um enviscamento existencial.

Pode parecer paradoxal que seja a persistência de uma nadificação, ou melhor, de uma desterritorialização intensiva, que dê sua consistência corporal aos estados de coisas e aos pontos de vista autopoiéticos. Mas só esse tipo de recuo linearizante e rizomático pode selecionar, dispor e dimensionar uma complexidade que viverá, doravante, sob o duplo regime de uma desaceleração discursiva e de uma velocidade absoluta de não separabilidade. A compleição virtual selecionada se encontra agora marcada por uma irreversível facticidade envolvida por uma prototemporalidade que se pode ao mesmo tempo qualificar de instantânea e de eterna, facilmente reconhecível na apreensão fenomenológica dos Universos de valor. O transmonadismo, por um efeito *a posteriori*, faz cristalizar, no interior da sopa caótica primitiva, coordenadas espaciais, causalidades temporais, escalonamentos energéticos, possibilidades de cruzamento das compleições, toda uma "sexualidade" ontológica, feita de bifurcações e de mutações axiológicas.

Assim, a segunda dobra de ordenação autopoiética, fundamentalmente ativa e criacionista, desprende-se da passividade inerente à primeira dobra caósmica. A passividade vai se transformar em limite, em enquadramento, em ritornelo sensível, a partir dos quais um enriquecimento de complexidade finita e "controlada" poderá advir, ao passo que a heterogeneidade ontológica irá se transmutar em alteridade. Nada mais poderá fazer com que tal evento-advento de redução primordial e de seleção não tenha acontecido a partir do momento em que se inscreveu na trama transmonádica autopoiética. Tal limite aleatório de um ponto de vista virtual se torna acidente necessário e suficiente na extração de uma dobra de contingência, ou de uma "escolha de finitude". Doravante será necessário lidar com este limite, partir daí, voltar a isso, girar em torno dele.

É através dessa migração de cristais de finitude e dessa declinação de atratores de possível que serão irremediavelmente promovidos limites de territorialização tais como os da relatividade e da troca fotônica, regularidades, coações, tais como a do quantum de ação, que os agenciamentos científicos semiotizarão em função, em constantes e em leis.

Mas o ponto decisivo reside no fato de que a escapada transmonádica, longe de resultar em um horizonte fixo de

O novo paradigma estético

nadificação, se encarquilha em linha de fuga turbilhonar infinita cujas circunvoluções, como as dos atratores estranhos, conferem ao caos uma consistência-cruzamento entre a atuação de configurações finitas e uma recarga processual, sempre possível, suporte de bifurcações ordinais inéditas, de conversões energéticas escapando à entropia das estratificações territorializada e aberta à criação de Agenciamentos de enunciação mutantes.

É uma tensão em direção a essa raiz ontológica da criatividade que é característica do novo paradigma processual. Ela engaja a composição de agenciamentos enunciativos atualizando a compossibilidade dos dois infinitos, o ativo e o passivo. Tensão de modo algum petrificada, catatônica ou abstrata como a dos monoteísmos capitalísticos, mas animada de um criacionismo mutante, sempre a reinventar e também sempre em vias de ser perdido. A irreversibilidade própria aos eventos-adventos do *grasping* e do transmonadismo da autopoiese é consubstancial a uma resistência permanente às repetições circulares reterritorializantes e a uma constante renovação dos enquadramentos estéticos, dos dispositivos científicos de observação parcial, das montagens conceituais filosóficas, da instalação de "habitat" (*oikos*) políticos ou psicanalíticos (ecosofia).

Produzir novos infinitos a partir de um mergulho na finitude sensível, infinitos não apenas carregados de virtualidade, mas também de potencialidades atualizáveis em situação, se demarcando ou contornando os Universais repertoriados pelas artes, pela filosofia, pela psicanálise tradicionais: todas as coisas que implicam a promoção permanente de outros agenciamentos enunciativos, outros recursos semióticos, uma alteridade apreendida em sua posição de emergência — não xenófoba, não racista, não falocrática —, devires intensivos e processuais, um novo amor pelo desconhecido... Enfim, uma política de uma ética da singularidade, em ruptura com os consensos, os "lenitivos" infantis destilados pela subjetividade dominante. Dogmatismos de todo tipo investem e opacificam esses pontos de criacionismo que tornam necessário o afrontamento sem descanso, na análise do inconsciente, como em todas as outras disciplinas, de colapsos de sem sentido, de contradições insolúveis, manifestação de curto-circuitos entre a complexidade e o caos. Por exemplo, o caos democrático que encobre uma infinidade de vetores de ressingularização, de atratores de criatividade social em busca de atualização. Não se trata aqui do aleatório neoliberal e de seu fanatismo da economia de mercado, mercado unívoco, mercado das redundâncias de poder capitalísticas, mas de uma heterogênese de sistemas de valorização e de uma eclosão de novas práticas sociais, artísticas, analíticas.

Assim a questão da transversalidade intermonádica não é apenas de natureza especulativa. Ela engaja um questionamento do confinamento disciplinar, do novo fechamento solipsista dos Universos de valor, atualmente prevalecentes em vários domínios. Tomemos um último exemplo, o de uma redefinição aberta do corpo, tão necessária para a promoção de agenciamentos terapêuticos da psicose, o corpo concebido como interseção de componentes autopoiéticos parciais, de configurações múltiplas e cambiantes, trabalhando em conjunto assim como separadamente mesmo: o corpo próprio especular, o corpo fantasmático, o esquema corporal, neurológico, o soma biológico e orgânico, o eu imunitário, a identidade personológica no interior dos ecossistemas familiares e ambientais, a rostidade coletiva, os ritornelos míticos, religiosos, ideológicos... Territorialidades existenciais reunidas pela mesma caosmose transversalista, "pontos de vista" monádicos se escalonando, se estruturando através de subidas e descidas fractais, autorizando uma estratégia combinada de abordagens analítica, psicoterapêutica institucional, psicofarmacológica, de recomposição pessoal, delirante ou de caráter estético... Significa o mesmo declarar esses territórios parciais e entretanto abertos para os campos de alteridade os

O novo paradigma estético

133

mais diversos, o que esclarece que o novo fechamento, o mais autista, possa estar em relação direta com as constelações sociais e o Inconsciente maquínico ambientes, os complexos históricos e as aporias cósmicas.

5.
ESPAÇO E CORPOREIDADE

O espaço e o corpo, quando considerados por disciplinas como a arquitetura e a medicina, são apreendidos a partir de categorias distintas e autônomas. É de um ponto de vista completamente diferente que desejo aqui relacioná-los: o de seu Agenciamento de enunciação. A abordagem fenomenológica do espaço e do corpo vivido mostra-nos seu caráter de inseparabilidade. Por exemplo, no sono e no sonho, o corpo fantasmado coincide com as diferentes modalidades de semiotização espacial que ponho em funcionamento. A dobra do corpo sobre si mesmo é acompanhada por um desdobramento de espaços imaginários. Quando dirijo um carro, minha atração pelo espaço frontal equivale a colocar entre parênteses meu esquema corporal, deixando de lado a visão e os membros que se acham em posição de sujeição cibernética à máquina automobilística e aos sistemas de sinalização emitidos pelo meio rodoviário. No cinema, o corpo se encontra radicalmente absorvido pelo espaço fílmico, no seio de uma relação quase hipnótica. Durante a leitura de um texto escrito, o traçado da articulação fonemática libera, de modo descontínuo, suas sequências significativas de articulação monemática. Ainda aí um outro Agenciamento de enunciação desencadeia outras modalidades de espacialização e de corporalidade. O espaço da escritura é, sem dúvida, um dos mais misteriosos que se nos oferece, e a postura do corpo, os ritmos respiratórios e cardíacos, as descargas humorais nele interferem fortemente. Tantos espaços, então, quantos forem os modos de semiotização e de subjetivação.

Mas não devemos nos contentar com esse primeiro aspecto de diversificação diacrônica. Existe igualmente, a cada instante da demarcação aqui e agora, um "folheado" sincrônico de espaços heterogêneos. Para retomar os exemplos precedentes, posso ao mesmo tempo me encontrar atraído pelo ponto de fuga da circulação rodoviária e desdobrar um espaço de devaneio ou me deixar submergir por um espaço musical. Em outras circunstâncias, uma paisagem ou um quadro podem ao mesmo tempo adquirir uma consistência estrutural de caráter estético e me interrogar, me encarar fixamente de um ponto de vista ético e afetivo que submerge toda discursividade espacial.

Consideremos um exemplo pessoal. Um dia, quando eu caminhava com um grupo de amigos em uma grande avenida de São Paulo, senti-me interpelado, ao atravessar uma determinada ponte, por um locutor não localizável. Uma das características dessa cidade, que me parece estranha em vários aspectos, consiste no fato de que as interseções de suas ruas procedem frequentemente por níveis separados com grandes alturas. Enquanto meu olhar se dirigia, de cima para baixo, para uma circulação densa que caminhava rapidamente, formando uma mancha cinzenta infinita, uma impressão intensa, fugaz e indefinível invadiu-me bruscamente. Pedi então que meus amigos continuassem sua caminhada sem mim e, como em um eco das paradas de Proust em seus "momentos fecundos" (o sabor da madalena, a dança dos sinos de Martinville, a pequena frase musical de Vinteuil, o chão desnivelado do pátio do hotel de Guermantes...), imobilizei-me em um esforço para esclarecer o que acabava de acontecer comigo. Ao fim de um certo tempo, a resposta me veio naturalmente, algo da minha primeira infância me falava do âmago dessa paisagem desolada, algo de ordem principalmente perceptiva. Havia, de fato, uma homotetia entre uma percepção

136   Caosmose

muito antiga — talvez a da Ponte Cardinet sobre numerosas vias de estrada de ferro que se abismam na Gare Saint-Lazare — e a percepção atual. Era a mesma sensação de desaprumo que se achava reproduzida. Mas, na realidade, a Ponte Cardinet é de uma altura comum. Só na minha percepção de infância é que eu fora confrontado com essa altura desmesurada que acabava de ser reconstituída na ponte de São Paulo. Em qualquer outra parte, quando esse exagero da altura não era reiterado, o afeto complexo da infância que a ele estava associado não podia ser desencadeado.

Esse exemplo nos mostra que percepções atuais do espaço podem ser "duplicadas" por percepções anteriores, sem que se possa falar de recalque ou de conflito entre representações pré-estabelecidas, já que a semiotização da recordação de infância fora acompanhada, aqui, pela criação *ex-nihilo* de uma impressão de caráter poético

O psicanalista e etólogo americano Daniel Stern, em seu livro *The Impersonal World of the Infant*,[1] elaborou uma concepção do *self* muito inovadora, que pode nos esclarecer um pouco sobre o caráter polifônico da subjetividade. Ele descreve, no lactente, até a idade de dois anos, quatro estratificações do *self*:

— do nascimento até dois meses: o *self emergente* (*sense of an emergent self*);

— de dois-três meses até sete-nove meses: o *self núcleo* (*sense of a core self*);

— de sete-nove meses até quinze meses: o *self subjetivo* (*sense of a subjective self*);

— após quinze meses: o *self verbal* (*sense of a verbal self*).

Enfatizemos que cada um desses componentes do eu, uma vez aparecendo, continua a existir paralelamente aos ou-

---

[1] Daniel Stern, *The Impersonal World of the Infant*, Nova York, Basic Books, 1985.

tros e é suscetível de subir à superfície, ao primeiro plano da subjetividade, de acordo com as circunstâncias. Daniel Stern renuncia aqui às psicogêneses diacrônicas do tipo das fases psicanalíticas — fase oral, fase anal, fase genital, período de lactência... — onde os retornos no tempo eram sinônimo de fixação arcaica e de regressão. Daqui em diante, existe verdadeiramente polifonia das formações subjetivas.

Daniel Stern não prossegue sua investigação para além da idade de dois anos, mas poder-se-ia, certamente, visualizar a aparição ulterior:

— de um *self escritural* (correlativo à entrada da criança na escola);

— de um *self da puberdade* etc...

O "momento fecundo" que surgiu para mim na ponte de São Paulo parece-me corresponder a ter posto novamente em funcionamento o *self* emergente, com seu sentimento comovente de primeira descoberta do mundo e, além disso, com uma reorganização tópica das outras modalidades do *self*. O *self* núcleo relativo à tomada de consistência do corpo se encontra como que petrificado, no limite da catatonia psicótica, ao passo que o terceiro domínio do vínculo interpessoal, intersubjetivo, mobiliza o que Daniel Stern chama um "companheiro evocado", o qual não funciona, como ele o enfatiza, a título de lembrança de um acontecimento real e passado, mas enquanto exemplar ativo dos acontecimentos relativos ao período considerado.

De fato, esse "companheiro evocado" remete a representações de interação generalizadas que não são apreensíveis diretamente, devido a seu caráter de entidade abstrata.[2] Essa ideia de um afeto abstrato me parece capital. Não é porque o afeto se dá de uma maneira global que ele é composto de uma matéria bruta pulsional. É também através desse tipo de afeto que surgem, ao escutar uma frase de Debussy, ou ao ver

---

[2] *Op. cit.*, p. 113.

um cartaz futurista, universos de uma extrema complexidade. Na ponte de São Paulo, é todo um mundo da infância que se anima. O companheiro evocado aqui é a mãe que se distancia de mim, explicando-me que me deixa sozinho por um momento, que ela vai voltar, intensidade afetiva substituída por meus companheiros de caminhada que me abandonam, eles também, em uma cidade estrangeira. Quanto ao *self* verbal, ele consiste em transformar em frases um acontecimento que, na infância, foi vivido, em sua essência, no aquém da linguagem.

Essa experiência de subjetivação do espaço só apresenta um caráter de exceção na medida em que revela uma falha psíquica deixando entrever, de modo quase pedagógico, as estratificações do *self*. Mas qualquer outro espaço vivido engajaria igualmente tais aglomerados sincrônicos da psique que apenas o trabalho poético, a experiência delirante ou a explosão passional podem atualizar. É assim que certos psicóticos se encontram atormentados por vozes, nos quatro cantos do espaço, que os interpelam, frequentemente para insultá-los.

Será que a arquitetura tem alguma relação com essa diacronia e essa polifonia dos espaços? Seria o domínio construído sempre unívoco, de "mão única"? Evidentemente qualquer construção é sempre sobredeterminada ao menos por um estilo, mesmo quando esse estilo brilha por sua ausência. Como diz Wittgenstein: "cada coisa se encontra, por assim dizer, em um espaço de coisas possíveis".

Tomemos, por exemplo, a textura dos materiais e os dispositivos espaciais daquilo que se convencionou chamar "a Idade Média". Eles são sempre portadores de uma aura de mistério como se seu próprio apoio no solo os irrigasse com uma potência secreta. Uma feiticeira ou um alquimista continua, aí, a trabalhar furtivamente desde um tempo imemorial. Ao contrário, é a um mundo de ficção científica que nos remetem as extraordinárias construções de um Shin Taka-

Espaço e corporeidade

matsu e isso apesar de seu caráter maquínico "ultrapassado", posto que fixado aos clichês futuristas do início do século. Quer tenhamos consciência ou não, o espaço construído nos interpela de diferentes pontos de vista: estilístico, histórico, funcional, afetivo... Os edifícios e construções de todos os tipos são máquinas enunciadoras. Elas produzem uma subjetivação parcial que se aglomera com outros agenciamentos de subjetivação. Um bairro pobre ou uma favela fornecem-nos um outro discurso e manipulam em nós outros impulsos cognitivos e afetivos. A partir dessa constatação rudimentar, alguns arquitetos como Henri Gaudin começaram a preconizar um retorno puro e simples às dissimetrias de outrora.[3] Uma tal nostalgia do passado parece-me no mínimo aleatória, dado que a história não oferece jamais os mesmos "pratos" e que toda apreensão autêntica do passado implica sempre uma recriação, uma reinvenção radical. A esse respeito, as rupturas de simetria de um Tadao Ando me parecem bem mais interessantes, na medida em que procedem a partir de formas ortogonais propriamente modernistas, o que o leva à reinvenção de todas as novas intensidades de mistério.

O alcance dos espaços construídos vai então bem além de suas estruturas visíveis e funcionais. São essencialmente máquinas, máquinas de sentido, de sensação, máquinas abstratas funcionando como o "companheiro" anteriormente evocado, máquinas portadoras de universos incorporais que não são, todavia, Universais, mas que podem trabalhar tanto no sentido de um esmagamento uniformizador quanto no de uma ressingularização liberadora da subjetividade individual e coletiva.

Creio que, após os estragos estruturalistas e a prostração pós-moderna, é urgente voltar a uma concepção "animista" do mundo. O desfecho modernista deve frustrar o unidi-

---

[3] Henri Gaudin, *La Colonne et le labyrinthe*, Bruxelas, Éditions Pierre Mardaga, 1984.

mensionalismo, as características de generalidade e de formalismo sob as quais ele parecia dever ser esmagado. Toda a história deste fim de milênio nos mostra uma proliferação extraordinária dos componentes subjetivos, tanto para o melhor quanto para o pior. (Subjetividade coletiva da reemergência de arcaísmos religiosos e nacionalistas. Subjetividade maquínica dos *mass media*, da qual se pode esperar que terminará, ela também, por encontrar as vias da singularidade, engajando-se em uma era pós-mídia.) Todos esses componentes de subjetividade social, maquínica e estética nos assediam literalmente por toda parte, desmembrando nossos antigos espaços de referência. Com maior ou menor felicidade e com uma velocidade de desterritorialização cada vez maior, nossos órgãos sensoriais, nossas funções orgânicas, nossos fantasmas, nossos reflexos etológicos se encontram maquinicamente ligados em um mundo técnico-científico que está realmente engajado em um crescimento louco. O mundo não muda mais de dez em dez anos, mas de ano em ano. Nesse contexto, a programação arquitetural e urbanística parece caminhar a passos de dinossauro. Assim um arquiteto escrupuloso seria condenado a permanecer de braços cruzados face à complexidade das questões que o assolam?

Mas se é verdade que as interações entre o corpo e o espaço construído se desdobram através de campos de virtualidade cuja complexidade beira o caos — cidades como o México se dirigem a toda velocidade para uma asfixia ecológica e demográfica que parece insuperável —, talvez caiba aos arquitetos e aos urbanistas pensar tanto a complexidade quanto o caos segundo caminhos novos? O equivalente aqui dos "atratores estranhos" da termodinâmica dos estados distantes do equilíbrio poderia ser buscado junto aos Agenciamentos potenciais de enunciação que habitam secretamente o caos urbano e arquitetural. Mas de um tal paradigma científico devemos rapidamente passar a um paradigma estético. O projeto (*dessin*) do arquiteto — que, em francês é homó-

Espaço e corporeidade

fono de intenção (*dessein*), o objetivo, a finalidade axiológica — parte em busca de um enunciador parcial que dá consistência ao conjunto dos componentes em questão. Enquanto criador de formas novas, o arquiteto não está obrigatoriamente despojado e perdido no interior do dédalo do possível. Alguma coisa nele pode anunciar que ele se aproxima, que ele "está esquentando", como se diz no jogo infantil onde, de olhos vendados, parte-se em busca de um objeto, guiado unicamente pelos gritos dos jogadores. Segue-se, com efeito, algumas vezes, como que por milagre, que todos os componentes, todos os instrumentos estejam não em uníssono, mas se afinem em um jogo de harmônicas e de simetrias de escalas, que conferem ao edifício seu caráter de autorreferência, seu acabamento sistêmico, em suma, sua vida própria.

O grande historiador e sociólogo Lewis Mumford, que faleceu recentemente, qualificou as cidades de megamáquinas. De fato, mas com a condição de ampliar o conceito de máquina para além de seus aspectos técnicos e de levar em conta suas dimensões econômicas, ecológicas, abstratas e até as "máquinas desejantes" que povoam nossas pulsões inconscientes. São as peças das engrenagens urbanísticas e arquiteturais, até em seus menores subconjuntos, que devem ser tratadas como componentes maquínicos. Porém, se é verdade que esses componentes maquínicos são antes de tudo produtores de subjetividade, é porque eles são mais do que uma estrutura ou mesmo um sistema em sua acepção comum. Convém especificá-los enquanto sistemas autopoiéticos, tal como os qualifica Francisco Varela[4] que, aliás, assimila esse tipo de sistema às máquinas.

Não seria demais enfatizar que a consistência de um edifício não é unicamente de ordem material, ela envolve dimensões maquínicas e universos incorporais que lhe conferem sua

---

[4] Francisco Varela, *Autonomie et connaissance*, Paris, Seuil, 1989.

autoconsistência subjetiva. Pode parecer paradoxal deslocar assim a subjetividade para conjuntos materiais, por isso falaremos aqui de subjetividade parcial; a cidade, a rua, o prédio, a porta, o corredor... modelizam, cada um por sua parte e em composições globais, focos de subjetivação. O agoráfobo, por exemplo, experimenta uma perda de consistência de uma máquina espacial complexa para a qual concorrem: o lugar que ele atravessa, a circulação que ele ressente como uma ameaça, o olhar dos passantes, sua própria apreensão existencial de um espaço dilatado ao extremo e seus fantasmas de perdição.

Mas de que meios o arquiteto dispõe para apreender e cartografar essas produções de subjetividade que seriam inerentes ao seu objeto e à sua atividade? Poder-se-ia falar aqui de uma transferência arquitetural que, evidentemente, não se manifestaria através de um conhecimento objetivo de caráter científico, mas por intermédio de afetos estéticos complexos. O que caracteriza esse conhecimento, que após Viktor von Weizsäcker pode-se qualificar de pático, é o fato de que ele não procede de uma discursividade concernente a conjuntos bem-delimitados, mas antes por agregação de Territórios existenciais. Ele nos permite postular a existência de um mesmo enunciador parcial por detrás de entidades tão diferentes e heterogêneas quanto as formações do eu, as partes do corpo real e do corpo imaginário, o espaço doméstico vivido, a relação com o "companheiro evocado", os traços inerentes à etnia, à vizinhança e, bem entendido, o espaço arquitetural. O exemplo mais simples de conhecimento pático nos é dado pela apreensão de um "clima", o de uma reunião ou de uma festa que apreendemos imediatamente e globalmente e não pelo acúmulo de informações distintas. A "compreensão" da psicose é dessa ordem bem como a do objeto arquitetural e ocorrem, de algum modo, sem mediação. Por exemplo, quando entramos em certas escolas primárias, sentimos uma angústia que transuda das paredes, fator de subjetivação par-

Espaço e corporeidade 143

cial que se integra à "paisagem" vivida de cada estudante e de cada professor.

Convém aqui separar-nos de Lacan, em vários pontos de vista. A subjetividade coletiva da qual se trata agora não diz respeito unicamente, nem mesmo essencialmente, às cadeias significantes da linguagem. Ela é engendrada por componentes semióticos irredutíveis a uma tradução em termos de significantes estruturais ou sistêmicos. A pulsão portadora do fantasma deixa de ser adjacente ao corpo com a ajuda do objeto parcial, mesmo que ele seja rebatizado e ampliado pelo conceito de objeto "a". As formas espaciais, os ritmos e ritornelos aos quais se encontram associadas, são por si próprios portadores de um sentido assignificante, que distingo aqui de uma função de significação, pelo fato de ter como papel ser o suporte existencial de um foco enunciativo.

Então não se poderá mais falar do sujeito em geral e de uma enunciação perfeitamente individuada, mas de componentes parciais e heterogêneos de subjetividade e de Agenciamentos coletivos de enunciação que implicam multiplicidades humanas, mas também devires animais, vegetais, maquínicos, incorporais, infrapessoais. Só se poderá separar as dimensões transversais entre componentes de subjetivação parciais, por exemplo, entre um espaço vivido e a música — o salão de Madame Verdurin e a Sonata de Vinteuil — na medida em que se tiver enfatizado, acentuado, "discernibilizado" os traços específicos de matéria de expressão de cada um desses dois componentes. Assim a transversalidade do "tempo reencontrado", a ressonância perturbadora que permite passar de um universo a outro, serão sempre dados em acréscimo, como um dom de Deus.

Tudo se reduz sempre a essa questão dos focos de enunciação parcial, da heterogênese dos componentes e dos processos de ressingularização. É para essa direção que deveriam se voltar os arquitetos de hoje. Eles devem assumir uma posição, se engajar (como se dizia no tempo de Jean-Paul Sartre) quanto ao gênero de subjetividade que ajudam a engendrar. Irão no sentido de uma produção reforçada de uma subjetividade do "equivaler generalizado", de uma subjetividade padronizada que tira o seu valor de sua cotação no mercado dos *mass media*, ou colocar-se-ão na contracorrente, contribuindo para uma reapropriação da subjetividade pelos grupos-sujeitos, preocupados com a ressingularização e a heterogênese? Irão no sentido do consenso infantilizador ou de um dissenso criador? Mas pode-se imaginar uma pedagogia da singularidade? Não há aqui contradição nos termos? Sem dúvida existe uma potência de exemplo da diferença. É um pouco o que está se produzindo no Japão, onde numerosos jovens arquitetos rivalizam em uma originalidade desenfreada. O componente estético trazido pelo arquiteto enquanto criador pode se tornar o elemento primordial no interior do Agenciamento com mil coações funcionais, sociais, econômicas, de materiais, de meio ambiente, que constitui o objeto-sujeito arquitetural. Vê-se aqui que o paradigma ético-estético é chamado a passar ao primeiro plano. A singularidade que se busca através de sua "projetação" deve não apenas ser reconhecida mas afirmar sua autenticidade. Em nenhum caso seu papel deve ser reduzido ao do engenheiro civil. O fato de que as máquinas desejantes do criador se encontrem em um tipo de *continuum* com as máquinas de opinião, máquinas materiais, não implica absolutamente que elas aí se deixem submergir.

Convém, pois, associar esse retorno a uma assunção estética a uma responsabilidade ético-política de ordem mais geral que pede a consideração, em alma e consciência, de múltiplas "matérias opcionais". O essencial do trabalho do arquiteto reside nas escolhas que ele é levado a fazer. Por que escutar os imperativos de tal componente mais do que os de tal outro? Determinadas margens de manobra lhe pertencem; mas ele encontra também determinados limiares que não deve transpor, sob pena de fazer com que sua obra perca sua consistência existencial, sua força potencial de enunciação. Com-

Espaço e corporeidade
145

promisso com os incorporadores, com os engenheiros, com a funcionalidade, até mesmo com o gosto da época. Mas também necessidade de uma autoafirmação de sua própria escolha, quando a finalização estética está em questão.

Muitos fatores da evolução atual tendem a fazer com que a arquitetura perca sua especificidade estética. É uma questão muito mais ampla que se encontra levantada através desse problema: é legítimo ou não que uma dimensão estética autonomizada se afirme no interior do tecido urbano? Essa mesma questão de uma refinalização ético-estética será encontrada em todos os níveis da atividade humana. Na falta de uma consideração suficiente das dimensões de ecologia ambiental, de ecologia social e de ecologia mental — que reagrupei sob a rubrica geral de uma ecosofia —, é a humanidade e mesmo o conjunto da biosfera que se encontrariam ameaçados. A arquitetura se inscreve no quadro dessa ecosofia, à qual a etimologia — *oikos*, a permanência — nos conduz muito naturalmente. A valorização das atividades humanas não pode mais ser fundada de forma unívoca sobre a quantidade de trabalho incorporado à produção de bens materiais. A produção de subjetividade humana e maquínica é chamada a superar a economia de mercado fundada no lucro, no valor de troca, no sistema dos preços, nos conflitos e lutas de interesses.

A redefinição das relações entre o espaço construído, os territórios existenciais da humanidade (mas também da animalidade, das espécies vegetais, dos valores incorporais e dos sistemas maquínicos) tornar-se-á uma das principais questões da repolarização política, que sucederá o desmoronamento do eixo esquerda-direita entre conservadores e progressistas. Não será mais apenas questão de qualidade de vida, mas do porvir da vida enquanto tal, em sua relação com a biosfera.

As revoluções informáticas, robóticas, telemáticas e o *engineering* biológico conduzem à criação de uma disponibilidade sempre maior das atividades humanas em detrimento do trabalho assalariado tradicional, à medida que a máquina assume as tarefas mais ingratas e repetitivas. Mais do que uma massa crescente de desempregados e assistidos pelo Estado, trata-se de saber se essa nova disponibilidade poderá ser convertida em atividades de produção de subjetividade individual e coletiva relativas ao corpo, ao espaço vivido, ao tempo, aos devires existenciais concernentes a paradigmas ético-estéticos. E desse ponto de vista, eu o repito, as escolhas da arquitetura e do urbanismo se colocarão com uma acuidade particular, em um cruzamento particularmente sensível.

6.
RESTAURAÇÃO DA CIDADE SUBJETIVA

O ser humano contemporâneo é fundamentalmente desterritorializado. Com isso quero dizer que seus territórios etológicos originários — corpo, clã, aldeia, culto, corporação... — não estão mais dispostos em um ponto preciso da terra, mas se incrustam, no essencial, em universos incorporais. A subjetividade entrou no reino de um nomadismo generalizado. Os jovens que perambulam nos *boulevards*, com um *walkman* colado no ouvido, estão ligados a ritornelos que foram produzidos longe, muito longe de suas terras natais. Aliás, o que poderia significar "suas terras natais"? Certamente não o lugar onde repousam seus ancestrais, onde eles nasceram e onde terão que morrer! Não têm mais ancestrais; surgiram sem saber por que e desaparecerão do mesmo modo! Possuem alguns números informatizados que a eles se fixam e que os mantêm em "prisão domiciliar" numa trajetória socioprofissional predeterminada, quer seja em uma posição de explorado, de assistido pelo Estado ou de privilegiado.

Mas enfatizemos imediatamente o paradoxo. Tudo circula: as músicas, os slogans publicitários, os turistas, os *chips* da informática, as filiais industriais e, ao mesmo tempo, tudo parece petrificar-se, permanecer no lugar, tanto as diferenças se esbatem entre as coisas, entre os homens e os estados de coisas. No seio de espaços padronizados, tudo se tornou intercambiável, equivalente. Os turistas, por exemplo, fazem viagens quase imóveis, sendo depositados nos mesmos tipos

Restauração da cidade subjetiva 149

de cabine de avião, de *pullman*, de quartos de hotel e vendo desfilar diante de seus olhos paisagens que já encontraram cem vezes em suas telas de televisão, ou em prospectos turísticos. Assim a subjetividade se encontra ameaçada de paralisia. Poderiam os homens restabelecer relações com suas terras natais? Evidentemente isso é impossível! As terras natais estão definitivamente perdidas. Mas o que podem esperar é reconstituir uma relação particular com o cosmos e com a vida, é se "recompor" em sua singularidade individual e coletiva. A vida de cada um é única. O nascimento, a morte, o desejo, o amor, a relação com o tempo, com os elementos, com as formas vivas e com as formas inanimadas são, para um olhar depurado, novos, inesperados, miraculosos.

Essa subjetividade em estado nascente — o que o psicanalista americano Daniel Stern denomina o *"self* emergente" —, cabe a nós reengendrá-la constantemente. Não se trata mais aqui de uma "Jerusalém celeste", como a do Apocalipse, mas da restauração de uma "Cidade subjetiva" que engaja tanto os níveis mais singulares da pessoa quanto os níveis mais coletivos. De fato, trata-se de todo o porvir do planeta e da biosfera. Ressingularizar as finalidades da atividade humana, fazê-la reconquistar o nomadismo existencial tão intenso quanto o dos índios da América pré-colombiana! Destacar-se então de um falso nomadismo que na realidade nos deixa no mesmo lugar, no vazio de uma modernidade exangue, para aceder às verdadeiras errâncias do desejo, às quais as desterritorializações técnico-científicas, urbanas, estéticas, maquínicas de todas as formas, nos incitam.

Como infletir o destino coletivo em um sentido menos serial, para retomar um termo caro a Jean-Paul Sartre? Tudo dependerá da refinalização coletiva das atividades humanas e, sem dúvida, em primeiro lugar, de seus espaços construídos. Mas o que serão as mentalidades urbanas do futuro? Levantar essa questão já é um pleonasmo, na medida em que o porvir da humanidade parece inseparável do devir urbano.

Os prospectivistas predizem-nos, com efeito, que nos decênios futuros cerca de 80% da população mundial viverão em aglomerados urbanos. E, devido a isso, convém acrescentar que os 20% restantes da população mundial, mesmo que "escapem" do habitat da cidade, dela serão entretanto tributários, através de vários liames técnicos e de civilização. Em outros termos, é a distinção mesma entre a cidade e a natureza que tenderá a se esmaecer, dependendo os territórios "naturais" subsistentes, em grande parte, de programação com o fim de organizar espaço de lazer, de esporte, de turismo, de reserva ecológica...

Essa mundialização da divisão das forças produtivas e dos poderes capitalísticos não é absolutamente sinônimo de uma homogeneização do mercado, muito pelo contrário. Suas diferenças desiguais não se localizam mais entre um centro e sua periferia, mas entre malhas urbanas superequipadas tecnologicamente, e sobretudo informaticamente, e imensas zonas de habitat de classes médias e de habitat subdesenvolvido. É muito característico, por exemplo em Nova York, ver um dos grandes centros da finança internacional, no ponto extremo de Manhattan, coexistir com verdadeiras zonas de subdesenvolvimento, no Harlem e no South Bronx, sem falar das ruas e dos parques públicos invadidos por mais de 300 mil *homeless* e cerca de um milhão de pessoas amontoadas em lugares superpovoados.

Doravante não existe mais, com efeito, uma capital que domine a economia mundial, mas um "arquipélago de cidades" ou mesmo, mais exatamente, subconjuntos de grandes cidades, ligados por meios telemáticos e por uma grande diversidade de meios de comunicação. Pode-se dizer que a cidade-mundo do capitalismo contemporâneo se desterritorializou, que seus diversos constituintes se espargiram sobre toda a superfície de um rizoma multipolar urbano que envolve o planeta. Homoteticamente encontrar-se-ão nas cidades muito pobres do Terceiro Mundo, onde se amontoam milhões de

Restauração da cidade subjetiva

pessoas em imensas favelas, focos urbanos altamente desenvolvidos, espécies de campos fortificados das formações dominantes de poder, ligados por mil laços ao que se poderia denominar a *intelligentsia* capitalista internacional.

As cidades são imensas máquinas — *megamáquinas*, para retomar uma expressão de Lewis Mumford — produtoras de subjetividade individual e coletiva. O que conta, com as cidades de hoje, é menos os seus aspectos de infraestrutura, de comunicação e de serviço do que o fato de engendrarem, por meio de equipamentos materiais e imateriais, a existência humana sob todos os aspectos em que se queira considerá-las. Daí a imensa importância de uma colaboração, de uma *transdisciplinaridade* entre os urbanistas, os arquitetos e todas as outras disciplinas das ciências sociais, das ciências humanas, das ciências ecológicas etc...

O drama urbanístico que se esboça no horizonte deste fim de milênio é apenas um aspecto de uma crise muito mais fundamental que envolve o próprio futuro da espécie humana neste planeta. Sem uma reorientação radical dos meios e sobretudo das finalidades da produção, é o conjunto da biosfera que ficará desequilibrado e que evoluirá para um estado de incompatibilidade total com a vida humana e, aliás, mais geralmente, com toda forma de vida animal e vegetal. Essa reorientação implica, com urgência, uma inflexão da industrialização, particularmente a química e a energética, uma limitação da circulação de automóveis ou a invenção de meios de transportes não poluentes, o fim dos grandes desflorestamentos... Na verdade, é todo um espírito de competição econômica entre as empresas e as nações que deverá ser novamente posto em questão. Existe aí um tipo de corrida de velocidade entre a consciência coletiva humana, o instinto de sobrevivência da humanidade e um horizonte de catástrofe e de fim do mundo humano dentro de alguns decênios! Perspectiva que torna nossa época ao mesmo tempo aterrorizadora e apaixonante, já que os fatores ético-políticos adquirem aí uma relevância que, ao longo da história, anteriormente jamais tiveram.

Não seria exagero enfatizar que a tomada de consciência ecológica futura não deverá se contentar com a preocupação com fatores ambientais, mas deverá também ter como objeto devastações ecológicas no campo social e no domínio mental. Sem transformação das mentalidades e dos hábitos coletivos haverá apenas medidas ilusórias relativas ao meio material.

Desta forma, os urbanistas não poderão mais se contentar em definir a cidade em termos de espacialidade. Esse fenômeno urbano mudou de natureza. Não é mais um problema dentre outros; é o problema número um, o problema-cruzamento das questões econômicas, sociais e culturais. A cidade produz o destino da humanidade: suas promoções, assim como suas segregações, a formação de suas elites, o futuro da inovação social, da criação em todos os domínios. Constata-se muito frequentemente um desconhecimento desse aspecto global das problemáticas urbanas como meio de produção da subjetividade.

Enfatizemos, a esse respeito, que experiências interessantes estão atualmente em curso na URSS, no contexto de uma situação que foi por muito tempo bloqueada pelas burocracias e no quadro da política chamada "perestroika". Grupos de autogestão se constituem com o objetivo de se contrapor ao imobilismo dos sovietes locais, muito particularmente no domínio da arquitetura, do urbanismo e da defesa do meio ambiente. Essas experiências são coordenadas por um centro de pesquisas regionais criado pela Academia das Ciências, sob a direção de Victor Tischenko. A atividade desses grupos conduziu à instalação de cooperativas que construíram em Moscou, em Leningrado e em outras cidades, apartamentos em melhores condições do que as das construções do Estado. Em 1987, a pedido do deputado Boris Ieltsin, ocorreu um grande encontro sobre o tema do devir social da cidade de Mos-

Restauração da cidade subjetiva   153

cou; dele participaram 150 pessoas de todos os níveis da hierarquia social, para definir uma nova metodologia em matéria de urbanismo. O objetivo de tais "jogos de papéis" é igualmente fazer compreender, ao conjunto dos participantes, que o poder pode ser uma articulação de múltiplos parceiros procedendo por aliança e negociação e não de uma relação de dominação entre instâncias hierárquicas das quais ninguém pode escapar. Assim, é toda uma cultura política que está sendo reconstruída. Ainda que as democracias ocidentais e a América do Sul se encontrem em situações bem diferentes da da URSS, penso que, sob outras formas, segundo outras modalidades, é igualmente necessário inventar uma democracia nesses domínios; que os usuários tomem a palavra, muito especialmente no que concerne aos programas de urbanismo e às questões ecológicas.

Na verdade, os meios de mudar a vida e de criar um novo estilo de atividade, de novos valores sociais, estão ao alcance das mãos. Falta apenas o desejo e a vontade política de assumir tais transformações. É verdadeiramente indispensável que um trabalho coletivo de ecologia social e de ecologia mental seja realizado em grande escala. Essa tarefa concerne às modalidades de utilização do tempo liberado pelo maquinismo moderno, novas formas de conceber as relações com a infância, com a condição feminina, com as pessoas idosas, as relações transculturais... A condição para tais mudanças reside na tomada de consciência de que é possível e necessário mudar o estado de coisas atual e de que isso é de grande urgência. É apenas em um clima de liberdade e de emulação que poderão ser experimentadas as vias novas do habitat e não através de leis e de circulares tecnocráticas. Correlativamente, uma tal remodelação da vida urbana implica que transformações profundas sejam operadas na divisão planetária do trabalho e que, em particular, vários países do Terceiro Mundo não sejam mais tratados como guetos de assistidos pelo Estado. É igualmente necessário que os antigos antagonismos internacionais se atenuem e que se siga uma política geral de desarmamento que permitirá, em particular, transferir créditos consideráveis para a experimentação de um novo urbanismo.

Deveremos esperar transformações políticas globais antes de empreender tais "revoluções moleculares" que devem contribuir para mudar as mentalidades? Encontramo-nos aqui diante de um círculo de dupla direção: de um lado a sociedade, a política, a economia não podem mudar sem uma mutação das mentalidades; mas, de um outro lado, as mentalidades só podem verdadeiramente evoluir se a sociedade global seguir um movimento de transformação. A experimentação social em grande escala que preconizamos constituirá um dos meios de sair dessa "contradição". Apenas uma experiência bem-sucedida de novo habitat individual e coletivo traria consequências imensas para estimular uma vontade geral de mudança. (Foi o que se viu, por exemplo, na França, no campo da pedagogia com a experiência inicial e "iniciática" de Célestin Freinet, que reinventou totalmente o espaço da sala de aula.) Em essência, o objeto urbano é de uma complexidade muito grande e exige ser abordado com as metodologias apropriadas à complexidade. A experimentação social visa espécies particulares de "atratores estranhos", comparáveis aos da física dos processos caóticos. Uma ordem objetiva "mutante" pode nascer do caos atual de nossas cidades e também uma nova poesia, uma nova arte de viver. Essa "lógica do caos" pede que se examinem bem as situações em sua singularidade. Trata-se de entrar em processos de ressingularização e de irreversibilização do tempo. Além disso, trata--se de construir não apenas no real mas também no possível, em função das bifurcações que ele pode incitar; construir dando chances às mutações virtuais que levarão as gerações futuras a viver, sentir e pensar diferentemente de hoje em dia, tendo em vista as imensas modificações, em particular de ordem tecnológica, que nossa época conhece. O ideal seria mo-

Restauração da cidade subjetiva 155

dificar a programação dos espaços construídos, em razão das transformações institucionais e funcionais que o futuro lhes reserva. A invenção de novos materiais deveria permitir uma tal multiplicação das dimensões do *design*.

O objetivo modernista era o de um habitat padrão, estabelecido a partir de supostas "necessidades fundamentais" determinadas de uma vez por todas. Penso aqui no dogma que constituiu o que se chamou a "Carta de Atenas" em 1933, representando a síntese dos trabalhos do CIAM (Congresso Internacional de Arquitetura Moderna), da qual Le Corbusier nos daria uma visão comentada, dez anos mais tarde, e que foi o credo teórico de várias gerações de urbanistas. Essa perspectiva de modernismo universalista definitivamente terminou. É apaixonante ver hoje em dia quantos jovens arquitetos se lançam, não na via decadente do "pós-modernismo", mas na que denominaria a via da ressingularização. Um certo retorno da perspectiva estética, indo de encontro à funcionalidade, parece certamente salutar.

Os coeficientes de liberdade criadora que o projeto possui são chamados a representar um papel essencial no trabalho do arquiteto e do urbanista. Mas não se trata, sob pretexto de estética, de naufragar num ecletismo que renunciaria a toda visão social! É o *socius*, em toda sua complexidade, que exige ser ressingularizado, retrabalhado, reexperimentado.

O artista polissêmico, polifônico, que o arquiteto e o urbanista devem se tornar, trabalha com uma matéria humana que não é universal, com projetos individuais e coletivos que evoluem cada vez mais rápido e cuja singularidade — inclusive estética — deve ser atualizada através de uma verdadeira maiêutica, implicando, em particular, procedimentos de análise institucional e de exploração das formações coletivas do inconsciente. Nessas condições, o projeto deve ser considerado em seu movimento, em sua dialética. Ele é chamado a se tornar uma cartografia multidimensional da produção de subjetividade, cujos operadores serão o arquiteto e o urbanista. As mentalidades coletivas mudam e mudarão amanhã cada vez mais rápido. É preciso que a qualidade da produção dessa nova subjetividade se torne a finalidade primeira das atividades humanas e, por essa razão, ela exige que tecnologias apropriadas sejam postas a seu serviço. Um tal recentramento não é apenas tarefa de especialistas mas requer uma mobilização de todos os componentes da "cidade subjetiva". O nomadismo selvagem da desterritorialização contemporânea demanda então, a meu ver, uma apreensão "transversalista" da subjetividade. Quero dizer com isso uma apreensão que se esforçará para articular pontos de singularidade (por exemplo, uma configuração particular do terreno ou do meio ambiente), dimensões existenciais específicas (por exemplo, o espaço visto pelas crianças ou deficientes físicos ou doentes mentais), transformações funcionais virtuais (por exemplo, mudanças de programa e inovações pedagógicas), afirmando ao mesmo tempo um estilo, uma inspiração, que fará reconhecer, à primeira vista, a assinatura de um criador. A complexidade arquitetural e urbanística encontrará sua expressão dialética em uma tecnologia do projeto — doravante auxiliada por computador — que não se fechará sobre si mesma, mas que se articulará com o conjunto do Agenciamento de enunciação que é o seu alvo.

A construção e a cidade constituem tipos de objeto que, de fato, trazem igualmente uma função subjetiva. São "objetidades" ou, se se prefere, "subjetidades" parciais. Essas funções de subjetivação parcial, que nos presentifica o espaço urbano, não poderiam ser abandonadas ao sabor do mercado imobiliário, das programações tecnocráticas e ao gosto médio dos consumidores. Todos esses fatores devem ser levados em consideração, mas devem permanecer relativos. Exigem, através das intervenções do arquiteto e do urbanista, ser elaborados e "interpretados" — no sentido em que um maestro faz viver de forma constantemente inovadora os *phylum* musicais.

Restauração da cidade subjetiva

Tais pontos de ruptura, tais focos de singularização, não podem ser assumidos através de simples procedimentos consensuais e democráticos. Trata-se, em suma, de uma transferência de singularidade do artista criador de espaço para a subjetividade coletiva. Assim o arquiteto e o urbanista se encontram imprensados, de um lado, entre o nomadismo caótico da urbanização descontrolada ou unicamente regulada por instâncias tecnocráticas e, por outro lado, entre seu próprio nomadismo mental se manifestando através de sua projetualidade diagramática.

Essa interação entre a criatividade individual e as múltiplas coações materiais e sociais conhece, entretanto, uma sanção de veracidade: existe, de fato, uma transposição de limiar a partir da qual o objeto arquitetural e o objeto urbanístico adquirem sua própria consistência de enunciador subjetivo. Isso funciona ou isso não funciona; isso ganha vida ou permanece morto! A complexidade da posição do arquiteto e do urbanista é extrema mas apaixonante, desde que eles levem em conta suas responsabilidades estéticas, éticas e políticas. Imersos no seio do consenso da Cidade democrática, cabe-lhes pilotar, por seu projeto (*dessin*) e sua intenção (*dessein*), decisivas bifurcações do destino da cidade subjetiva. Ou a humanidade, através deles, reinventará seu devir urbano, ou será condenada a perecer sob o peso de seu próprio imobilismo, que ameaça atualmente torná-la impotente face aos extraordinários desafios com os quais a história a confronta.*

---

* Texto inédito, escrito em vista da participação do autor no Colóquio "Homem, cidade, natureza: a cultura hoje", organizado pela UNESCO, no Rio de Janeiro, em 25, 26 e 27 de maio de 1992.

7.
PRÁTICAS ANALÍTICAS E PRÁTICAS SOCIAIS

Trabalho desde 1955 na Clínica de La Borde; fui convidado a colaborar nessa experiência por meu amigo Jean Oury que é seu fundador e o principal animador. O castelo de La Borde está situado a 15 km ao sul de Blois na comuna de Cour-Cheverny. Durante esses primeiros anos, foi realmente apaixonante participar da instalação das instituições e dos equipamentos do que deveria se tornar a primeira experiência de "Psicoterapia Institucional" no âmbito de um estabelecimento privado. Nossos meios materiais eram ainda mais fracos do que atualmente, porém maior era nossa liberdade de ação. Não existia, naquela época, hospital psiquiátrico no departamento* de Loir-et-Cher, tendo sido o de Blois fechado durante a guerra. Assim as autoridades viam com muito bons olhos a implantação dessa clínica "não como as outras", que supria quase por si só as necessidades do departamento.

Foi então que aprendi a conhecer a psicose e o impacto que poderia ter sobre ela o trabalho institucional. Esses dois aspectos estão profundamente ligados, pois a psicose, no contexto dos sistemas carcerários tradicionais, tem seus traços essencialmente marcados ou desfigurados. É somente com a condição de que seja desenvolvida em torno dela uma vida coletiva no seio de instituições apropriadas que ela pode mos-

---

* Divisão administrativa do território francês. (N. das T.)

trar seu verdadeiro rosto, que não é o da estranheza e da violência, como tão frequentemente ainda se acredita, mas o de uma relação diferente com o mundo.

Nos anos 50, a psiquiatria francesa — deixando de lado algumas experiências-piloto como a de Saint-Alban, em Lozère, ou em Fleury-les-Aubrais, no Loiret, tinha a sordidez que se encontra ainda, por exemplo, na ilha de Leros na Grécia, ou no hospital de Dafne, próximo a Atenas. Os psicóticos, objetos de um sistema de tratamento quase animal, assumem necessariamente uma postura bestial, andando em círculos o dia inteiro, batendo a cabeça contra as paredes, gritando, brigando, aviltando-se na sujeira e nos excrementos. Esses doentes, cuja apreensão e relação com o outro estão perturbadas, perdem pouco a pouco, em um tal contexto, suas características humanas, tornando-se surdos e cegos a qualquer comunicação social. Seus guardiães, que não possuíam nessa época nenhuma formação, eram obrigados a se proteger sob um tipo de couraça de desumanidade, se quisessem eles mesmos escapar do desespero e da depressão.

Passei então a conviver com Jean Oury desde o início dos anos 50. Ele havia aprendido o ofício de psiquiatra com François Tosquelles, em Saint-Alban, onde se produzira, durante a guerra, uma verdadeira revolução interna através da luta pela sobrevivência coletiva, a abertura para o exterior, a introdução de métodos de grupo, de ateliês, de psicoterapias... Também eu, antes de encontrar Jean Oury, acreditava que a loucura encarnava um tipo de avesso do mundo, estranho, inquietante e fascinante. No estilo de vida comunitária que era então o de La Borde naqueles anos, os doentes me apareceram sob um ângulo completamente diferente: familiares, amigáveis, humanos, dispostos a participar da vida coletiva em todas as ocasiões onde isso era possível. Uma verdadeira emulação existia no seio das reuniões cotidianas do pessoal (às seis horas da tarde) para levar ao conhecimento de todos o que havia sido feito e dito ao longo do dia. Tal doente catatônico acabava de falar pela primeira vez. Um outro fora, ele mesmo, trabalhar na cozinha. Uma maníaco-depressiva havia causado algumas perturbações durante as compras em Blois.

Jean Oury pedira que me reunisse à sua equipe — e, com isso, que interrompesse meus estudos de filosofia — pois precisava, pensava ele, de minha ajuda para desenvolver o Comitê Intra-Hospitalar da Clínica, em particular o Clube dos Pensionistas. Minha suposta competência nesse domínio vinha do fato de que, desde os dezesseis anos, eu não cessara de "militar" em organizações tais como "os Albergues da Juventude" e toda uma gama de movimentos de extrema-esquerda. É verdade que eu sabia animar uma reunião, estruturar um debate, solicitar que as pessoas silenciosas tomassem a palavra, fazer surgir decisões práticas, retornar às tarefas anteriormente decididas... Em alguns meses, contribuí assim para a instalação de múltiplas instâncias coletivas: assembleias gerais, secretariado, comissões paritárias pensionistas-pessoal, subcomissão de animação para o dia, escritório de coordenação dos encargos individuais e "ateliês" de todos os tipos: jornal, desenho, costura, galinheiro, jardim etc.

Mas, para instaurar uma tal multiplicidade de estruturas, não era suficiente mobilizar os doentes; era necessário também poder contar com o máximo de membros do pessoal. Isso não trazia nenhuma dificuldade com a equipe dos animadores mais antigos, que haviam sido cooptados, como eu mesmo o fora, na base de um projeto comum e de um certo "ativismo" anterior. Mas não acontecia o mesmo com os novos membros do pessoal, que vinham das proximidades, que haviam abandonado um emprego ou um meio agrícola, para se engajar na clínica como cozinheiros, jardineiros, faxineiras, recreadores. Como iniciar esses recém-chegados em nossos métodos psiquiátricos, como evitar que não se criasse uma cisão entre as tarefas supostamente nobres dos "técnicos" e as tarefas materiais ingratas do pessoal de manuten-

Práticas analíticas e práticas sociais

ção? (Esses últimos, dependendo do ângulo em que se colocavam, consideravam entretanto que somente o trabalho material era efetivo, ao passo que os "monitores" só faziam tagarelar em reuniões inúteis...)

Nessa etapa de seu desenvolvimento, o processo institucional exigia que fosse operada uma minirrevolução interna: era preciso conseguir que o conjunto do pessoal de manutenção se integrasse no trabalho de atendimento, que em contrapartida a enfermagem aceitasse tarefas materiais tais como a arrumação, a cozinha, a louça, a recreação etc. Paradoxalmente, o segundo aspecto dessa minirrevolução traria menos problemas do que o primeiro. Os "técnicos" aceitaram, sem muito reclamar, colaborar por "revezamento" nas tarefas materiais, o que enriquecia suas ocasiões de encontros e de diálogo com os pensionistas. Em contrapartida, foi muito mais difícil obter das pessoas que haviam sido contratadas como lavadeiras, faxineiras, ou como contador, que colaborassem nos cuidados médicos e nas atividades coletivas. Uns tinham medo de aplicar injeções, outros não podiam suportar o trabalho noturno, muitos não sabiam se virar para animar uma reunião ou um serão. E, entretanto, em alguns meses a paisagem institucional da clínica se transformaria radicalmente. Uma antiga lavadeira havia se revelado muito hábil para animar o ateliê de impressão e o comitê de redação do jornal, outra destacava-se nas atividades esportivas, um antigo metalúrgico mostrava grande habilidade como animador de pantomimas...

A organização do pessoal se complexificava à medida que as tarefas se diferenciavam. Doravante não podíamos mais nos contentar com um simples planejamento de emprego do tempo e dos dias de folga. Uma "grade" muito elaborada, quer dizer, um quadro com dupla entrada, para o tempo e para as qualificações das tarefas se impunha para dar conta, em particular, daquelas que haviam sido colocadas em "revezamento" e também para tornar compatíveis as ativida-

162   Caosmose

des de tratamento, as de animação e as relativas à vida cotidiana. E, para gerir uma tal "grade", tornou-se necessário criar um grupo de monitores capazes de ter uma visão de conjunto acerca das necessidades da instituição e, de certa forma, para suprir uma função de chefe de pessoal que jamais existiu em La Borde.

Uma descrição tão condensada poderia fazer acreditar em um desenvolvimento linear, ao passo que na prática as dificuldades mais imprevistas não cessaram de surgir devido a resistências, inabilidades, obstáculos materiais de todo tipo. Cada problema devia ser incessantemente retomado, rediscutido, sem jamais perder de vista a orientação essencial que consistia em caminhar no sentido de uma dessegregação das relações atendente-atendido assim como das relações internas ao pessoal. Essa atividade incessante de questionamento, aos olhos de um organizador-conselho, pareceria inútil, desorganizadora e, entretanto, é somente através dela que podem ser instauradas tomadas de responsabilidade individuais e coletivas, único remédio para a rotina burocrática e para a passividade geradas pelos sistemas de hierarquia tradicionais.

Uma palavra que estava então na moda era "serialidade", que definia, segundo Jean-Paul Sartre, o caráter repetitivo e vazio de um estilo de existência concernente a um funcionamento de grupo "prático-inerte". O que visávamos, através de nossos múltiplos sistemas de atividade e sobretudo de tomada de responsabilidade em relação a si mesmo e aos outros, era nos libertamos da serialidade e fazer com que os indivíduos e os grupos se reapropriassem do sentido de sua existência em uma perspectiva ética e não mais tecnocrática. Tratava-se de conduzir simultaneamente modos de atividades que favorecessem uma tomada de responsabilidade coletiva e fundada entretanto em uma ressingularização da relação com o trabalho e, mais geralmente, da existência pessoal. A máquina institucional que instalávamos não se contentava em operar uma simples remodelagem das subje-

Práticas analíticas e práticas sociais
163

tividades existentes, mas se propunha, de fato, a produzir um novo tipo de subjetividade. Os monitores formados pelos "revezamentos", guiados pela "grade" e participando ativamente das reuniões de informação e de formação, tornavam-se pouco a pouco bem diferentes do que eram ao chegarem à clínica. Não apenas se familiarizavam com o mundo da loucura, tal como o revelava o sistema labordiano, não apenas aprendiam novas técnicas, mas sua forma de ver e de viver se modificava. Precisamente, perdiam essa couraça protetora por meio da qual muitos enfermeiros, educadores, trabalhadores sociais se premunem contra uma alteridade que os desestabiliza.

O mesmo acontecia com os doentes psicóticos: alguns revelavam capacidades de expressão totalmente imprevistas, por exemplo de ordem pictórica, que a continuação de suas vidas em um âmbito comum não lhes teria jamais permitido entrever. Empregados de escritório preferiam garantir tarefas materiais, agricultores se dedicavam à gestão do clube e todos aí encontravam mais do que um derivativo: uma nova relação com o mundo.

E eis aí o essencial: essa mudança de relação com o mundo que, no psicótico, corresponde a um desajuste dos componentes da personalidade. O mundo e o outro não lhe falam mais com a mesma voz, ou começam a lhe falar com uma insistência perturbadora ao invés de conservar uma neutralidade asseguradora. Mas, entendamo-nos: esse mundo e essa alteridade com os quais a psicose entra em diálogo não são unicamente de ordem imaginária, delirante, fantasmática. Encarnam-se igualmente no meio social e material cotidiano. Na vertente imaginária, as psicoterapias poderão intervir a partir de equivalentes "projetivos" a fim de reconstruir um corpo, de suturar uma cisão do eu, de forjar novos territórios existenciais; mas, na vertente do real, é o campo intersubjetivo e o contexto pragmático que serão obrigados a trazer novas respostas. Gisela Pankow, por exemplo, em suas tentativas de reestruturação dinâmica do corpo psicótico, utiliza frequentemente a mediação de uma massa de modelar a fim de tornar possível uma expressão plástica onde a língua falada se encontra falha. Pois bem! Em La Borde, nossa massa de modelar é a "matéria" institucional que é engendrada através do emaranhado dos ateliês, das reuniões, da vida cotidiana nas salas de jantar, dos quartos, da vida cultural, esportiva, lúdica... A palheta de expressão não é dada de antemão como a das cores da pintura, pois um grande lugar é reservado à inovação, à improvisação de atividades novas.

A vida coletiva, concebida segundo esquemas rígidos, segundo uma ritualização do cotidiano, uma hierarquização definitiva das responsabilidades, em suma, a vida coletiva serializada pode se tornar de uma tristeza desesperadora tanto para os doentes como para os "técnicos". É surpreendente constatar que, com as mesmas "notas" microssociológicas, pode-se compor uma música institucional completamente diferente. Pode-se enumerar em La Borde cerca de quarenta atividades diferentes para uma população que é somente de cem pensionistas e de setenta membros do pessoal. Existe aí uma espécie de tratamento barroco da instituição, sempre à procura de novos temas e variações, para conferir sua marca de singularidade — quer dizer de finitude e de autenticidade — aos mínimos gestos, aos mínimos encontros que advêm dentro de um tal contexto.

E começamos a sonhar com o que poderia se tornar a vida nos conglomerados urbanos, nas escolas, nos hospitais, nas prisões etc..., se, ao invés de concebê-los na forma da repetição vazia, nos esforçássemos em reorientar sua finalidade no sentido de uma recriação interna permanente. Foi pensando em uma tal ampliação virtual das práticas institucionais de produção de subjetividade que, no início dos anos 60, forjei o conceito de "análise institucional". Tratava-se então não somente de questionar a psiquiatria mas também a pedagogia — aquilo a que se dedicava a "Pedagogia Institucio-

Práticas analíticas e práticas sociais   165

nal" praticada e teorizada por um grupo de professores reunidos em torno de Fernand Oury, o irmão mais velho de Jean Oury — e a condição estudantil, cuja problemática começava, se ouso dizer, a borbulhar no seio da Mutuelle Nationale des Étudiants* (da qual me tornei "conselheiro técnico") e da UNEF,** que deveria se tornar o catalisador dos acontecimentos de 1968. E, pouco a pouco, questionar também o conjunto dos segmentos sociais que deveria ser, a meu ver, objeto de uma verdadeira "revolução molecular", quer dizer, de uma reinvenção permanente. Eu não propunha de forma alguma generalizar a experiência de La Borde ao conjunto da sociedade, não havendo nesse campo nenhum modelo transponível. Mas parecia-me que a subjetividade, em todos os estágios do *socius* onde se quisesse considerá-la, não era manifesta, que era produzida sob certas condições e que estas poderiam ser modificadas por múltiplos procedimentos e de forma a orientá-la em um sentido mais criativo.

Já nas sociedades arcaicas os mitos, os ritos de iniciação tinham por tarefa modelar as posições subjetivas de cada indivíduo no interior de sua faixa etária, de seu sexo, de sua função, de sua etnia... Nas sociedades industriais desenvolvidas encontra-se o equivalente desses sistemas de entrada em Agenciamentos subjetivos, mas sob formas padronizadas e produzindo apenas uma subjetividade serializada. A "fabricação" de um sujeito passa doravante por longos e complexos caminhos, engajando, através da família, da escola, sistemas "maquínicos" tais como a televisão, os *mass media*, o esporte... Insisto no fato de que não é apenas o conteúdo cognitivo da subjetividade que se encontra aqui modelado mas igualmente todas as suas outras facetas afetivas, perceptivas, volitivas, mnêmicas...

---

* MNEF, Instituto Nacional de Previdência Social para Estudantes da França. (N. das T.)

** União Nacional dos Estudantes da França. (N. das T.)

Trabalhando regularmente com sua centena de pacientes, La Borde se encontrou progressivamente implicada em um questionamento mais global sobre a saúde, a pedagogia, a condição penitenciária, a condição feminina, a arquitetura, o urbanismo... Cerca de vinte grupos setoriais de reflexão constituíram-se assim em torno da temática da "análise institucional", que implicava que a análise das formações do inconsciente não dizia respeito apenas aos dois protagonistas da psicanálise clássica, mas poderia se estender a segmentos sociais muito mais amplos. Por volta da metade da década de 60, esses grupos se federaram no seio de um órgão chamado FGERI (Fédération des Groupes d'Études et de Recherches Institutionnelles).* Mais tarde essa federação foi substituída por um Centre d'Études, de Recherches et de Formation Institutionnelles (CERFI)** editando uma revista intitulada *Recherches*. Cinquenta números especiais dessa revista foram publicados, os quais se deve acreditar que permaneçam ainda atuais, já que uma estudante americana consagrou sua tese a essa revista e uma editora japonesa pretende traduzir alguns desses números. O mais célebre dentre eles foi, sem dúvida, o que teve como título "Dois mil perversos", dirigido por Guy Hocquenghem e René Schérer e que tratava de formas "desviantes" de sexualidade. Esse número sofreu, aliás, um processo por "ultraje aos bons costumes", processo no qual fui condenado a título de Diretor de Publicação. Um número memorável de *Recherches*, por volta do ano de 1966, foi consagrado à programação dos equipamentos psiquiátricos. Em torno de programadores titulares do Ministério da Saúde e de um grupo de jovens arquitetos da FGERI, a elite da psiquiatria francesa havia se reunido — tanto a da

---

* Federação dos Grupos de Estudos e de Pesquisas Institucionais. (N. das T.)

** Centro de Estudos, de Pesquisas e de Formação Institucionais. (N. das T.)

Práticas analíticas e práticas sociais

corrente de "Psicoterapia Institucional" quanto a do "Setor" — preocupada sobretudo com equipamentos extra-hospitalares tais como as pensões protegidas, os hospitais-dia, os ateliês protegidos, os ambulatórios de higiene mental... Preconizamos então a parada de qualquer nova construção de hospitais psiquiátricos — espécie de dinossauros institucionais destinados a desaparecer — e a programação de equipamentos com menos de cem leitos, implantados diretamente no tecido urbano em correlação com os novos recortes em "Setor". O tempo provou que o que ambicionávamos estava certo. Mas não fomos entendidos. De fato, Georges Pompidou, o presidente na época, muito favorável à industrialização da construção, havia oferecido às empresas de construção o imenso mercado que consistia em equipar cada departamento com novos hospitais psiquiátricos, concebidos segundo os antigos modelos, quer dizer, separados do tecido social, hiperconcentrados e de tipo carcerário. Decisão que, ao fim de alguns anos, se revelou totalmente aberrante, não correspondendo os novos equipamentos a nenhuma "demanda". Foi também por ocasião desse número especial "Arquitetura e psiquiatria" que conheci um grupo de italianos que seria para mim de grande importância: Franco Basaglia, Giovanni Jervis e Franco Minguzzi.

Dois números da revista foram consagrados às "Jornadas da infância alienada" organizadas por Maud Mannoni, com a presença efetiva de Jacques Lacan. Foi então que conheci Ronald Laing e David Cooper, que deveriam, também eles, tornar-se amigos e inspiradores, embora eu nunca tenha me valido de sua "antipsiquiatria". Deixando de lado alguns exageros demagógicos aos quais ela dará lugar (do tipo: "a loucura não existe", "todos os psiquiatras são policiais"), o movimento antipsiquiátrico teve o mérito de abalar a opinião sobre o destino que a sociedade reservava aos doentes mentais — o que as diferentes correntes renovadoras da psiquiatria europeia não haviam jamais conseguido fazer. Infelizmente, a revelação para o grande público do sentido da loucura, através de filmes como *Family Life*, de Ken Loach, ou as obras de Mary Barnes, não era acompanhada de nenhuma proposição verdadeiramente concreta para reformar a situação. Experiências comunitárias como a de Kingsley Hall em Londres permaneciam exceção e pareciam dificilmente generalizáveis para transformar a psiquiatria inglesa em seu todo. Uma outra objeção que faria à corrente criada por Laing e Cooper era a de creditar uma concepção deveras reducionista da doença mental, aparecendo-lhes a psicose como resultante de conflitos intrafamiliares.

Foi nessa época que se popularizou o famoso *"double bind"* — duplo vínculo — considerado como gerador dos problemas de comportamento os mais graves através da recepção, pelo "paciente designado", de uma mensagem contraditória vinda dos membros de sua família. ("Peço que você faça alguma coisa mas desejo secretamente que faças o contrário...") Tratava-se, evidentemente, de uma visão simplista da etiologia das psicoses e que tinha, entre outros efeitos negativos, o de culpabilizar as famílias dos psicóticos que já encontravam bastante dificuldade!

A corrente italiana "Psiquiatria Democrática", em torno de seu líder carismático, Franco Basaglia, por sua vez, não se embaraçava com tais considerações teóricas sobre a gênese da esquizofrenia ou sobre as técnicas de tratamento. Concentrava o principal de sua atividade no campo social global, aliando-se aos partidos e aos sindicatos de esquerda com o objetivo de conseguir pura e simplesmente que os hospitais psiquiátricos italianos fossem fechados. Foi o que, finalmente, conseguiu obter, há dez anos, com a Lei 180, cuja adoção, infelizmente, quase coincidiu com a morte de Franco Basaglia. De modo geral, os hospitais psiquiátricos foram fechados em péssimas condições, quer dizer, sem que fossem efetuadas soluções reais de reforma. Os doentes foram deixados ao abandono, como havia sido o caso, nos EUA, com o

Práticas analíticas e práticas sociais   169

"Kennedy Act", que levou ao fechamento de grandes hospitais psiquiátricos americanos, por razões unicamente econômicas, e a lançar nas ruas dezenas de milhares de doentes mentais. Na Itália, associações de famílias de doentes mentais se constituíram para pedir a reabertura dos antigos asilos. A solução que consistia em implantar serviços psiquiátricos no seio dos hospitais gerais revelou-se ilusória, sendo esses serviços isolados e tratados como parentes pobres. É necessário dizer que muito chão havia sido percorrido entre as discussões iniciais em torno desse projeto e a instauração efetiva da Lei 180. A ideia da supressão dos hospitais psiquiátricos aparecera no contexto da efervescência social dos anos 60, favorável a inovações de todos os tipos. Mas, em 1980, a vaga contestatória e criativa havia se enfraquecido, dando lugar a uma nova forma de conservadorismo social. Seja como for, os renovadores italianos da psiquiatria haviam tocado em uma dimensão essencial do problema: só uma sensibilização e uma mobilização do contexto social poderiam criar condições favoráveis a transformações reais. Algumas experiências como a de Trieste eram uma prova viva disso. Em seu filme *Matti da Slegare*, Marco Bellocchio mostrava o exemplo de doentes graves que eram acolhidos em empresas industriais por militantes sindicais que declaravam que sua presença modificava em um sentido mais humano o clima reinante nos ateliês. O caráter idealista dessas experiências nos faria talvez hoje em dia sorrir, quando se vê a evolução das empresas cada vez mais informatizadas e robotizadas, mas a visada global dos italianos permanece correta. Recentrar a psiquiatria na cidade não significa implantar aí mais ou menos artificialmente equipamentos e equipes extra-hospitalares, mas reinventá-la ao mesmo tempo em que se desenvolvem outras práticas sociais com a ajuda direta das populações concernidas.

Em 1975, instigado por um grupo de amigos, Mony Elkaim (psiquiatra de origem marroquina, especialista mundialmente conhecido em terapias familiares) convocou uma reunião em Bruxelas durante a qual foi lançada uma "Rede Internacional de Alternativa à Psiquiatria". Propusemo-nos a conjugar e, se possível, ultrapassar as tentativas diversas inspiradas em Laing, Cooper, Basaglia etc... Tratava-se sobretudo de se libertar do caráter quase unicamente mass-mediático da antipsiquiatria para lançar um movimento que engajasse efetivamente os trabalhadores da saúde mental e os pacientes. Sob a égide dessa Rede, importantes reuniões ocorreram em Paris, Trieste, San Francisco, no México, na Espanha... Essa Rede ainda continua a existir atualmente. É animada principalmente pelos sucessores de Franco Basaglia, em Trieste, reagrupados em torno de Franco Rotelli. Por força das circunstâncias, quero dizer devido à evolução das mentalidades, ela renunciou a suas perspectivas iniciais, ao menos sob seus aspectos mais utópicos. As equipes de Trieste se concentram na reconversão dos equipamentos psiquiátricos existentes para uma abertura não somente para a cidade — como o haviam preconizado, de uma forma um pouco formal, os defensores franceses da política do "Setor" — mas na direção de uma abertura para o social. Existe aí uma nuança importante. Podem-se criar equipamentos psiquiátricos ágeis no seio do tecido urbano sem por isso trabalhar no campo social. Simplesmente miniaturizaram as antigas estruturas segregativas e, apesar disso, interiorizaram-nas. Completamente diferente é a prática desenvolvida em Trieste atualmente. Sem negar a especificidade dos problemas que se colocam aos doentes mentais, as instituições instaladas, como as cooperativas, dizem respeito a outras categorias de população que têm igualmente necessidade de assistência. Não se separam mais assim artificialmente as questões relativas à toxicomania, às pessoas que saem das prisões, aos jovens em dificuldade etc..., o trabalho realizado no seio das cooperativas não é uma simples ergoterapia; ele se insere no campo social real, o que não impede que condições particulares sejam obtidas

Práticas analíticas e práticas sociais

para os diferentes tipos de *handicaps*. Caminha-se, então, aqui no sentido de uma dessegregação geral.

O que é desolador, na França e em inúmeros países, é constatar que as orientações oficiais vão, ao contrário, no sentido de uma segregação reforçada: os doentes crônicos são colocados em estabelecimentos que os recebem para um "longo período", quer dizer, de fato, deixando-os aviltar na solidão e na inatividade; os "agudos" têm seus próprios serviços, assim como os alcoólatras, os toxicômanos, as pessoas senis etc... A experiência de La Borde nos mostrou, ao contrário, que a mistura das categorias nosográficas diferentes e a aproximação de faixas etárias podiam constituir vetores terapêuticos não negligenciáveis. As atitudes segregativas formam um todo; as que se encontram entre as doenças mentais, as que isolam os doentes mentais do mundo "normal", a que se tem em relação às crianças em dificuldades, as que relegam as pessoas idosas a uma espécie de gueto participam do mesmo *continuum* onde se encontram o racismo, a xenofobia e a recusa das diferenças culturais e existenciais.

A implantação de "lugares de vida" comunitários independentes das estruturas oficiais conhecera um certo desenvolvimento no sul da França. Os poucos "lugares de vida", abertos para as crianças com dificuldades e para os idosos psiquiatrizados, que chegam a sobreviver, o fazem com grandes dificuldades, não tendo as tutelas ministeriais jamais renunciado a fixá-los em normas, quando sua qualidade primeira residia precisamente em sua inventividade fora dos quadros estabelecidos. E entretanto, mais do que nunca, a falta dessas estruturas se faz sentir. Só elas poderiam evitar, em certos casos, hospitalizações custosas e patogênicas nas estruturas oficiais.

Volta-se sempre a esse terrível peso do Estado, que incide sobre as estruturas de tratamento e de assistência. As instituições vivas e criativas levam um bom tempo para serem instaladas; implicam a constituição de equipes dinâmicas que se conheçam bem, que tenham uma história comum, tantos dados que não podem ser regidos por meio de circulares administrativas.

Ora, é preciso saber que, mesmo atualmente, é o Ministro da Solidariedade e da Saúde quem decide sobre a nomeação dos psiquiatras nos hospitais psiquiátricos e que rege o jogo de suas substituições, a cada dois anos aproximadamente. Situação absurda: mais nenhuma direção de hospital psiquiátrico é assumida por médicos psiquiatras. Todo o poder passou para as mãos de diretores administrativos que controlam totalmente os serviços, por intermédio de enfermeiros gerais. Isso significa a condenação antecipada de qualquer tentativa de inovação, por mais breve que seja.

Uma experiência como a de François Tosquelles, durante a última guerra mundial e na Libertação, no hospital de Saint-Alban, em Lozère, seria impossível hoje em dia. Existe certamente, entre a nova geração de psiquiatras, de psicólogos e de enfermeiros, a mesma proporção que outrora de pessoas desejosas de sair da mediocridade na qual se banha a psiquiatria francesa! Mas essas jovens gerações têm as mãos atadas por um estatuto que as assimila ao dos funcionários. É toda uma concepção do "serviço público" que se deve aqui rever. A tecnocracia estatal se acompanha de um espírito corporativista nos "técnicos". Felizmente existem exceções em algumas dezenas de experiências vivas no interior de certos Setores e de certos Serviços Psiquiátricos inspirados na Psicoterapia Institucional. Mas essas experiências são extremamente minoritárias e sobretudo muito precárias, devido a uma desastrosa mudança de cargo de seus principais responsáveis. Numa época em que a cortina de ferro dos países do leste acaba de cair, seria hora de varrer diante de nossa própria porta e de liquidar todos os arcaísmos burocráticos que fazem perdurar instituições psiquiátricas absurdas e nocivas. Só uma verdadeira desestatização da psiquiatria francesa poderia permitir desenvolver um clima de emulação entre empreendimentos inovadores. Não preconizo aqui uma privati-

Práticas analíticas e práticas sociais

zação da psiquiatria — as clínicas particulares se contentam muito frequentemente em isolar os doentes em seus quartos, sem desenvolver em torno deles uma vida social terapêutica. Mas me parece necessário que a gestão dos equipamentos existentes, intra e extra-hospitalares, seja confiada a associações e a fundações no interior das quais se encontrariam todas as partes envolvidas: os atendentes, os atendidos (por intermédio de clubes terapêuticos), as associações de famílias, as coletividades locais, os poderes públicos, a Previdência Social, sindicatos etc... Trata-se de interessar o máximo de parceiros em uma renovação da psiquiatria para que ela não se feche sobre si mesma; trata-se de acabar com controles e regulamentações *a priori* e de instaurar um diálogo e também, naturalmente, uma vigilância *a posteriori*. Parece-me que é a única via para tirar a psiquiatria francesa de seu marasmo atual. Que aqueles que queiram inovar e se abrir possam fazê-lo! Que aqueles que prefiram o imobilismo continuem em sua via, de qualquer modo jamais se fará com que mudem pela força! Mas uma consciência social se instaurará, a opinião fará pressão em um sentido ou em um outro. Qualquer coisa é melhor do que a mediocridade atual, com esses falsos debates acerca de internações abusivas. É toda a psiquiatria que é abusiva. Um ponto sobre o qual jamais se insistirá o bastante é que os médicos, enfermeiros, técnicos em geral e os psiquiatras e psicólogos são igualmente vítimas do estado de coisas atual, onde doentes e funcionários morrem literalmente de tédio.

Convém também relevar o crescimento das ideologias comportamentalistas no interior da psiquiatria francesa, que consistem em se consagrar apenas aos programas de condicionamento os mais mecanicistas, sem se preocupar mais com a vida social e com a consideração das singularidades e das virtualidades psíquicas dos doentes mentais. É intolerável desviar-se assim da essência da existência humana, a saber, de suas dimensões de liberdade e de responsabilidade. Alguns perigos existem igualmente com a influência exercida pelas teorias sistêmicas em referência às terapias familiares. Com efeito, elas tratam de interações intrafamiliares cujo conceito é perfeitamente vago e consistem muito frequentemente em um tipo de psicodrama cujas sessões são ritualizadas e codificadas, a partir de teorias pseudomatemáticas que não têm outro alcance senão o de conferir um verniz científico a seus operadores. Deixo aqui completamente de lado a corrente "antirreducionista" animada por Mony Elkaim que, bem ao contrário, se preocupa essencialmente com uma ressingularização da cura, quer dizer, com o engajamento do terapeuta no que ele tem de mais pessoal — o que permite conferir uma marca insubstituível de autenticidade e de verdade à relação estabelecida entre o terapeuta e a família.

Por sua vez, a corrente psicanalítica, que conhece na França um nítido declínio, é igualmente responsável, até um certo ponto, pelo desinvestimento de jovens psiquiatras em relação à vida institucional. Em particular, a psicanálise de origem lacaniana, com seu caráter esotérico, pretensioso e separado de qualquer apreensão de terreno de psicopatologia, mantém a ideia de que somente uma cura individual permite aceder à "ordem simbólica" pelas vias transcendentes da interpretação e da transferência. A verdade é bem outra e o acesso à neurose, à psicose e à perversão precisa de outros desvios que não esse tipo de relação dual. Creio que, daqui a alguns anos, a "pretensão lacaniana" aparecerá como aquilo que é: simplesmente ridícula. A psique, em essência, é a resultante de componentes múltiplos e heterogêneos. Ela envolve, sem dúvida, o registro da fala, mas também meios de comunicação não verbais, relações com o espaço arquitetônico, comportamentos etológicos, estatutos econômicos, relações sociais de todos os níveis e, ainda mais fundamentalmente, aspirações éticas e estéticas. É com o conjunto desses componentes que a psiquiatria se acha confrontada, incluídas aí dimensões biológicas às quais dá cada vez

Práticas analíticas e práticas sociais

175

mais acesso uma psicofarmacologia que, ano após ano, não cessa de progredir. Não falo aqui do uso da "camisa química" dos neurolépticos em muitos hospitais psiquiátricos, para neutralizar os doentes. Os medicamentos, pela mesma razão que qualquer outro vetor terapêutico, devem ser "negociados" com os pacientes; implicam uma escuta sensível de sua incidência, devendo as doses e os horários de ingestão ser objeto de um diálogo mantido entre o doente e aquele que prescreve.

A psicanálise continua marcada por uma tara de origem que consiste no fato de ela ter nascido sob a égide de um paradigma científico (até mesmo cientificista). Freud e seus sucessores sempre quiseram se apresentar como sábios que descobriam as estruturas universais da psique. A verdade é que eles inventaram o inconsciente e os seus complexos, assim como, em outras épocas, grandes visionários inventaram novas religiões, novas maneiras de viver o mundo e as relações sociais. Colocar a invenção psicanalítica sob a égide de um paradigma estético não significa de forma alguma desvalorizá-la. A cura não é uma obra de arte, mas deve proceder do mesmo tipo de criatividade. A interpretação não fornece chaves padronizadas para resolver problemas gerais fundados no que Lacan denominou os matemas do Inconsciente, mas deve constituir um acontecimento, marcar uma bifurcação irreversível da produção de subjetividade — em suma, ela é da ordem da performance, no sentido adquirido por esse termo no campo da poesia contemporânea.

O saber do psicanalista permanece incontestável até o presente. É uma teologia no seio da qual ele se banha de vez em quando desde sua infância. Ainda aqui o paradigma estético pode-nos ser de grande ajuda. O saber é aquilo que é; não se pode passar sem ele para adquirir um mínimo de "tônus", de consistência, face a um paciente ou face a uma instituição. Mas ele é feito essencialmente para ser desviado. Os conceitos da arte assim como os da análise derivam dessa caixa de ferramentas de modelização — cuja ideia eu introduzi há vinte anos e que foi retomada, para minha grande alegria, por Michel Foucault, para lutar contra os dogmatismos sempre renascentes. Um conceito só vale pela vida que lhe é dada. Ele tem menos por função guiar a representação e a ação do que catalisar os universos de referência que configuram um campo pragmático. Não tinha como intenção hoje expor meus próprios conceitos de metamodelização, que tentam construir um inconsciente processual voltado para o futuro, ao invés de fixado nas estases do passado, a partir de quatro funtores: os Fluxos, os *Phylum* maquínicos, os Territórios existenciais e os Universos de referência. Não propõem absolutamente uma descrição mais científica da psique, mas são concebidos de maneira que as formações de subjetividade sejam essencialmente abertas para uma pragmática ético--estética. Quatro "imperativos" resultam daí:

— o da *irreversibilidade* do encontro enquanto acontecimento que dá sua marca de autenticidade, de "nunca visto", ao procedimento analítico;

— o da *singularização* que implica uma disponibilidade permanente para a aparição de qualquer ruptura de sentido que, precisamente, constituirá um acontecimento, abrindo uma nova constelação de universos de referência;

— o da *heterogênese* que conduz à busca da especificidade do terreno ontológico a partir do qual se apresentam os diversos componentes parciais de subjetivação;

— o da *necessitação* que pressupõe a obrigação para um afeto, para um percepto ou um conceito, de se encarnar em um Território existencial marcado pela finitude e pela impossibilidade de ser "traduzido", interpretado em qualquer hermenêutica.

Vê-se que esses imperativos esquizoanalíticos seriam igualmente aplicáveis ao campo da pedagogia, da ecologia, da arte etc... É porque a raiz ético-política da análise, concebida aqui, repito, como produção de subjetividade, entra em simetria de escala — para retomar uma expressão das matemáticas fractais — com todos os outros registros de produção de subjetividade, e isso em todos os níveis onde se queira considerá-los.

A atividade de modelização teórica tem uma função existencial. Por essa razão, não pode ser o privilégio de teóricos. Um direito à teoria e à metamodelização será um dia inscrito no frontão de toda instituição que tenha algo a ver com a subjetividade.

É então bem claro que não proponho aqui, por exemplo, a Clínica de La Borde como um modelo ideal. Mas creio que essa experiência, apesar de seus defeitos e de suas insuficiências, teve e ainda tem o mérito de colocar problemas e de indicar direções axiológicas através dos quais a psiquiatria pode redefinir sua especificidade. Para concluir, gostaria de resumi-los:

1) A subjetividade individual, tanto a do doente como a do "técnico", não pode ser separada dos Agenciamentos coletivos de produção de subjetividade; tais Agenciamentos comportam dimensões microssociais mas também dimensões materiais e dimensões inconscientes;

2) A instituição de tratamentos, se é reagenciada permanentemente com esse fim, pode se tornar um instrumento muito elaborado de enriquecimento da subjetividade individual e coletiva e de recomposição de territórios existenciais concernindo ao mesmo tempo o corpo, o eu, o espaço vivido, a relação com o outro...;

3) Para ocupar convenientemente seu lugar no seio do processo terapêutico, as dimensões materiais da instituição implicam que o pessoal dito "de manutenção" esteja associado a todas as engrenagens segundo modalidades apropriadas;

4) A informação e a formação constituem aspectos importantes no interior de uma instituição terapêutica, mas não suprem os aspectos ético-estéticos da vida humana considerada em sua finitude. O Agenciamento institucional, assim

como uma cura individual, só podem funcionar autenticamente no registro da verdade, quer dizer, da unicidade e da irreversibilidade do sentido da vida. Essa autenticidade não é objeto de um ensino mas pode, entretanto, ser "trabalhada" através de práticas analíticas individuais e coletivas; 5) A perspectiva ideal seria então que não existissem duas instituições semelhantes e que a mesma instituição não cessasse de evoluir ao longo do tempo.*

---

* Conferência realizada no dia 15 de agosto de 1990, com a participação de Éric Alliez, Joel Birman, Jurandir Freire Costa e Chaim Samuel Katz, abrindo o Ciclo de Conferências e Debates do Colégio Internacional de Estudos Filosóficos Transdisciplinares, na Casa França-Brasil, Rio de Janeiro.

Práticas analíticas e práticas sociais

ÍNDICE ONOMÁSTICO

Albert, Henri, 119
Alliez, Éric, 179
Ando, Tadao, 140
Aristóteles, 44, 124
Augé, Marc, 57
Bakhtin, Mikhail, 11, 24-6, 28
Barnes, Mary, 169
Barthes, Roland, 15
Basaglia, Franco, 168-9, 171
Bellocchio, Marco, 170
Bergson, Henri, 37
Birman, Joel, 179
Borch-Jacobsen, Mikkel, 71
Brunschvicg, Léon, 126
Capgras, Joseph, 93
César Baldaccini, 52
Chertok, Léon, 28
Chomsky, Noam, 35-6
Chopin, Frédéric, 61
Clérambault, Gaëtan de, 93
Cooper, David, 168-9, 171
Corbusier, Le (Charles-Édouard
  Jeanneret), 156
Costa, Jurandir Freire, 179
Couperin, François, 61
Debussy, Claude, 61, 138
Deleuze, Gilles, 20, 37
Derrida, Jacques, 15, 94
Descartes, René, 46, 96
Duchamp, Marcel, 25, 31, 116
Duparc, Henri, 61
Duras, Marguerite, 9

Elkaim, Mony, 18, 170, 175
Foucault, Michel, 20, 33, 177
Freinet, Célestin, 155
Freud, Sigmund, 16, 20-3, 37-8,
  70-1, 74, 78, 82, 87-8, 90-1,
  94-5, 103, 106, 109, 111, 176
Gaudin, Henri, 140
Glowczewski, Barbara, 27
Guattari, Félix, 23, 26
Heidegger, Martin, 44, 58, 64,
  85
Hjelmslev, Louis, 34-6, 72
Hocquenghem, Guy, 167
Ieltsin, Boris, 153
Jervis, Giovanni, 168
Kafka, Franz, 80, 119
Kant, Immanuel, 23-4, 83
Katz, Chaim Samuel, 179
Klein, Melanie, 79, 109, 129
Kristeva, Julia, 15
Lacan, Jacques, 21, 24, 28, 36-7,
  49, 56, 60, 70-1, 103, 109,
  144, 168, 175-6
Laing, Ronald, 168-9, 171
Lavoisier, Antoine Laurent de, 28
Leibniz, Gottfried Wilhelm von,
  56
Leroi-Gourhan, André, 46
Lévy, Pierre, 40, 42, 47, 77, 111,
  122, 124
Lévy-Bruhl, Lucien, 37
Liszt, Franz, 61

Índice onomástico   181

Loach, Ken, 169
Mallarmé, Stéphane, 61, 75
Manet, Édouard, 61
Mannoni, Maud, 57, 168
Martinet, André, 72
Matta, Roberto, 15
Maturana, Humberto, 44, 108
Messiaen, Olivier, 61
Minguzzi, Franco, 168
Mumford, Lewis, 52, 142, 152
Nietzsche, Friedrich, 81, 119
Oury, Fernand, 166
Oury, Jean, 159-61, 166
Pankow, Gisela, 164
Pascal, Blaise, 96-7, 125-6
Pierce, Charles Sanders, 34, 55
Planck, Max, 65, 75
Platão, 39, 49, 68, 73, 124
Pompidou, Georges, 168
Proust, Marcel, 61, 77-8, 136
Przyluski, Jean, 37
Rameau, Jean-Philippe, 61
Ravel, Maurice, 61
Rotelli, Franco, 171

Sartre, Jean-Paul, 32, 144, 150, 163
Saussure, Ferdinand de, 34-5
Schérer, René, 167
Sérieux, Paul, 93
Stengers, Isabelle, 28
Stern, Daniel, 16, 31, 77, 91, 137-8, 150
Stravinsky, Igor, 61
Takamatsu, Shin, 139
Tertuliano, 90
Thom, René, 62
Tinguely, Jean, 52
Tischenko, Victor, 153
Tosquelles, François, 95, 160, 173
Turing, Alan, 130
Van Gogh, Vincent, 108
Varela, Francisco, 18, 44, 50, 53, 108, 142
Wagner, Richard, 61
Weizsäcker, Viktor von, 143
Wiener, Norbert, 44
Witkiewicz, Stanislaw, 30
Wittgenstein, Ludwig, 139

BIBLIOGRAFIA DE FÉLIX GUATTARI

Psychanalyse et transversalité: essais d'analyse institutionnelle (prefácio de Gilles Deleuze). Paris: Maspero, 1972; nova ed., Paris: La Découverte, 2003 [ed. bras.: *Psicanálise e transversalidade: ensaios de análise institucional*, trad. Maria Stela Gonçalves e Adail Ubirajara Sobral, Aparecida, SP: Ideias e Letras, 2004].

L'Anti-Œdipe: capitalisme et schizophrénie 1 (com Gilles Deleuze). Paris: Minuit, 1972 [ed. bras.: *O anti-Édipo: capitalismo e esquizofrenia 1*, trad. Georges Lamazière. Rio de Janeiro: Imago, 1976; ed. port.: trad. Joana M. Varela e Manuel M. Carrilho, Lisboa: Assírio & Alvim, s/d; nova ed. bras.: trad. Luiz B. L. Orlandi, São Paulo: Editora 34, 2010].

Kafka: pour une littérature mineure (com Gilles Deleuze). Paris: Minuit, 1975 [ed. bras.: *Kafka: por uma literatura menor*, trad. Júlio Castañon Guimarães, Rio de Janeiro: Imago, 1977; nova ed. bras.: trad. Cíntia Vieira da Silva, Belo Horizonte: Autêntica, 2014].

Rhizome. Paris: Minuit, 1976 (com Gilles Deleuze, incorporado em *Mille plateaux*).

La Révolution moléculaire. Fontenay-sous-Bois: Recherches, 1977; 2ª ed., Paris: UGE, 1980 [ed. bras.: *Revolução molecular: pulsações políticas do desejo*, org., trad. e comentários Suely Rolnik, São Paulo: Brasiliense, 1981; 2ª ed., 1985].

L'Inconscient machinique: essais de schizo-analyse. Fontenay-sous-Bois: Recherches, 1979 [ed. bras.: *O inconsciente maquínico: ensaios de esquizoanálise*, trad. Constança M. César e Lucy M. César, Campinas: Papirus, 1988].

Mille plateaux: capitalisme et schizophrénie 2 (com Gilles Deleuze). Paris: Minuit, 1980 [ed. bras. em cinco volumes: *Mil platôs: capitalismo e esquizofrenia 2 — Mil platôs*: vol. 1, incluindo: "Prefácio à edição italiana", 1988; "Introdução: Rizoma"; "1914: um só ou vários lobos?" e "10.000 a.C.: a geologia da moral (quem a Terra pensa que é?)", trad. Aurélio Guerra Neto e Célia Pinto Costa, Rio de Janeiro: Editora 34, 1995 — *Mil platôs*: vol. 2, incluindo: "20 de novembro de 1923: postulados da linguística" e "587 a.C.-70 d.C.: sobre alguns regimes de signos", trad. Ana Lúcia de Oliveira e Lúcia Cláudia Leão, Rio de Janeiro: Editora 34, 1995 — *Mil platôs*, vol. 3, incluindo: "28 de novembro de 1947: como criar para si um Corpo sem Órgãos?"; "Ano zero: rostidade"; "1874: três novelas ou 'O que se passou?'" e "Micropolítica e segmentaridade", trad. Aurélio Guerra Neto, Ana Lúcia de Oliveira, Lúcia Cláudia Leão e Suely Rolnik, São Paulo: Editora 34, 1996 — *Mil platôs*, vol. 4, incluindo: "1730: devir-intenso, devir-animal, devir-imperceptível..." e "1837: acerca do ritornelo", trad. Suely Rolnik, São Paulo: Editora 34, 1997 — *Mil platôs*, vol. 5, incluindo: "1227: tratado de nomadologia: a máquina de guerra"; "7.000 a.C.: aparelho de captura"; "1440: o liso e o estriado" e "Conclusão: Regras concretas e máquinas abstratas", trad. Peter Pál Pelbart e Janice Caiafa, São Paulo: Editora 34, 1997].

Félix Guattari entrevista Lula. São Paulo: Brasiliense, 1982.

Les Nouveaux espaces de liberté (com Antonio Negri). Paris: Dominique Bedoux, 1985 [ed. bras.: *As verdades nômades: por novos espaços de liberdade*, trad. Mario Marino e Jefferson Viel, São Paulo: Politeia/Autonomia Literária, 2017].

Pratique de l'institutionnel et politique (entrevistas; com Jean Oury e François Tosquelles). Paris: Matrice, 1985.

Micropolítica: cartografias do desejo (com Suely Rolnik). Petrópolis: Vozes, 1985 [ed. francesa: *Micropolitiques*, Paris: Les Empêcheurs de Penser en Rond, 2007].

Les Années d'hiver: 1980-1985. Paris: Bernard Barrault, 1986.

Cartographies schizoanalytiques. Paris: Galilée, 1989.

Les Trois écologies. Paris: Galilée, 1989 [ed. bras.: *As três ecologias*, trad. Maria Cristina F. Bittencourt, Campinas: Papirus, 1990].

Qu'est-ce que la philosophie? (com Gilles Deleuze). Paris: Minuit, 1991 [ed. bras.: *O que é a filosofia?*, trad. Bento Prado Jr. e Alberto Alonso Muñoz, Rio de Janeiro: Editora 34, 1992].

Chaosmose. Paris: Galilée, 1992 [ed. bras.: *Caosmose: um novo paradigma estético*, trad. Ana Lúcia de Oliveira e Lúcia Cláudia Leão, Rio de Janeiro: Editora 34, 1992].

Ritournelle(s). Paris: Éditions de la Pince à Linge, 1999 (ed. ilustrada); nova ed., *Ritournelles*, Tours: Éditions Lume, 2007.

La Philosophie est essentielle à l'existence humaine (entrevista com Antoine Spire). La Tour-d'Aigues: L'Aube, 2002.

Écrits pour L'Anti-Œdipe (org. Stéphane Nadaud). Paris: Éditions Lignes/ Manifeste, 2004.

65 rêves de Franz Kafka (prefácio de Stéphane Nadaud). Paris: Éditions Lignes, 2007 [ed. bras.: *Máquina Kafka/Kafkamachine*, seleção e notas de Stéphane Nadaud, trad. e prefácio de Peter Pál Pelbart, posfácio de Akseli Virtanen, São Paulo: n-1 edições, 2011].

Bibliografia de Félix Guattari   185

SOBRE O AUTOR

Pierre-Félix Guattari nasceu em 30 de abril de 1930 em Villeneuve-
-les-Sablons, Oise, vila próxima a Paris, e faleceu em 29 de agosto de 1992
na clínica de psicoterapia institucional de La Borde, na qual ele próprio
trabalhou durante toda a vida, na companhia de Jean Oury, cofundador,
e seu irmão Fernand. Seguiu durante muito tempo os seminários de seu
analista, Jacques Lacan, porém no convívio com Gilles Deleuze, com quem
se encontrou em 1969, e no processo de escrita de suas obras em parceria,
afastou-se do lacanismo. Militante de esquerda, Félix Guattari, como *filósofo da práxis*, tinha horror aos dogmatismos. Participou dos movimentos de Maio de 1968, na França, e promoveu rádios livres nos anos 70;
batalhou por causas de minorias em várias partes do mundo (junto aos pa-
lestinos em 1976, a operários italianos em 1977, e em movimentos pela
redemocratização brasileira a partir de 1979, entre outras). Como decla-
rou em 1983, considerava necessário envolver-se com "processos de singularização" e ao mesmo tempo acautelar-se "contra toda sobrecodifica-
ção das intensidades estéticas e dos agenciamentos de desejo, sejam quais
forem as proposições políticas e os partidos aos quais se adere, mesmo que
sejam bem-intencionados". Guattari esteve na origem do CERFI (Centre
d'Études, de Recherches et de Formation Institutionelles), coletivo de pes-
quisadores em Ciências Humanas, fundado na França, extremamente ativo entre 1967 e 1987, e possui também uma extensa obra individual. Além
de sua parceria com Gilles Deleuze, escreveu obras em colaboração com
outros autores, como Antonio Negri (*Les Nouveaux espaces de liberté*,
1985) ou, no Brasil, Suely Rolnik (*Micropolítica: cartografias do desejo*,
1986). Em seus envolvimentos teóricos e práticos, o psicanalista e filósofo
procurou sempre "liberar o campo do possível", sobretudo através de experimentações micropolíticas que buscam criar aberturas no funcionamento dos coletivos e levar as relações de amizade para além de suas fixações
identitárias.

COLEÇÃO TRANS
direção de Éric Alliez

Gilles Deleuze e Félix Guattari
O que é a filosofia?

Félix Guattari
Caosmose

Gilles Deleuze
Conversações

Barbara Cassin, Nicole Loraux,
Catherine Peschanski
Gregos, bárbaros, estrangeiros

Pierre Lévy
As tecnologias da inteligência

Paul Virilio
O espaço crítico

Antonio Negri
A anomalia selvagem

André Parente (org.)
Imagem-máquina

Bruno Latour
Jamais fomos modernos

Nicole Loraux
Invenção de Atenas

Éric Alliez
A assinatura do mundo

Maurice de Gandillac
Gêneses da modernidade

Gilles Deleuze e Félix Guattari
Mil platôs
(Vols. 1, 2, 3, 4 e 5)

Pierre Clastres
Crônica do índios Guayaki

Jacques Rancière
Políticas da escrita

Jean-Pierre Faye
A razão narrativa

Monique David-Ménard
A loucura na razão pura

Jacques Rancière
O desentendimento

Éric Alliez
Da impossibilidade
da fenomenologia

Michael Hardt
Gilles Deleuze

Éric Alliez
Deleuze filosofia virtual

Pierre Lévy
O que é o virtual?

François Jullien
Figuras da imanência

Gilles Deleuze
Crítica e clínica

Stanley Cavell
Esta América nova,
ainda inabordável

Richard Shusterman
Vivendo a arte

André de Muralt
A metafísica do fenômeno

François Jullien
Tratado da eficácia

Georges Didi-Huberman
O que vemos, o que nos olha

Pierre Lévy
Cibercultura

Gilles Deleuze
Bergsonismo

Alain de Libera
Pensar na Idade Média

Éric Alliez (org.)
Gilles Deleuze:
uma vida filosófica

Gilles Deleuze
Empirismo e subjetividade

Isabelle Stengers
A invenção das ciências modernas

Barbara Cassin
O efeito sofístico

Jean-François Courtine
A tragédia e o tempo da história

Michel Senellart
As artes de governar

Gilles Deleuze e Félix Guattari
O anti-Édipo

Georges Didi-Huberman
Diante da imagem

François Zourabichvili
Deleuze:
uma filosofia do acontecimento

Gilles Deleuze
Dois regimes de loucos:
textos e entrevistas (1975-1995)

Gilles Deleuze
Espinosa
e o problema da expressão

Gilles Deleuze
Cinema 1 — A imagem-movimento

Gilles Deleuze
Cinema 2 — A imagem-tempo

Este livro foi composto em Sabon,
pela Bracher & Malta, com CTP da
New Print e impressão da Graphium
em papel Pólen Soft 80 g/m^2 da Cia.
Suzano de Papel e Celulose para a
Editora 34, em outubro de 2019.